하고 싶은
말을
센스 있게

말하기의
디테일

하고 싶은
말을
센스 있게

말하기의
디테일

강미정 지음

위즈덤하우스

목차

디테일 원칙 1. **자기표현이 어려울 때
내 마음을 들여다보는 법**

"스스로를 잘 알지 못하는 당신에게"

**"균형에는
디테일이 필요하다"**

나 자신도, 관계도 잃기 싫은 당신에게

십 몇 년 전, 방송 원고를 처음 썼을 때 선배에게 검사를 받으러 갔다.

선배는 빨간 줄을 박박 그으며 이렇게 말했다.

"이건 말이 너무 길잖아!" "이건 단어가 너무 어려워!" "이건 너무 추상적이야!" "너 친구하고 말할 때 이런 말 써?"

그때부터 시작됐다. 말하기에 대한 고민, 더 좋은 표현에 대한 고민, 마음을 여는 말에 대한 고민.

10여 년간 아나운서로 방송하면서 일대일 대화보다 불특정 다수를 상대로 말하는 경우가 더 많았다. 그러다 보니 나는 중립적이면서, 긍정적이면서, 쉬우면서, 따뜻하고 기분 좋은 단어와 문장을 찾아 헤맸다. 또 인터뷰를 하면서 깊이 경청하며 공감하고, 호기심을 갖고 질문하는 법을 익혔다. 지인들은 나에게 "적이 없어 부럽다"고 하는데, 아마도 그것은 내 몸에 직업병으로 베어버린 언어의 섬세함 때문일 것이다.

그러나 나는 배려의 말과 맞바꿔 잃어버린 것이 있었다. 바로 '내 목소리를 내는 것'이다. 아나운서는 방송에서 '주인공'이 아닌 '진행자'이다. 그래서 늘 경청하고, 공감하고, 여러 사람의 의견에 균형을 맞춰주어야 했다. 인터뷰를 할 때도 질문하며 진솔한 이야기를 듣지만 결코 내 이야기를 할 일은 없다. 맞장구를 잘 쳐주어야 하고, 반대 의견을 내거나 직설적으로 의사표현을 하는 일은 거의 없다. 프로그램을 빛내야지 내가 빛나서는 안 된다. 그저 묵묵히 다른 사람들을 배려하면서 물 흐르듯 방송을 진행하는 것이 임무이다. 그렇게 10년을 살다 보니, 큰맘 먹고 회사를 그만두었는데도 대화할 때 나는 질문하며 듣고만 있고, 내 생각과 달라도 맞장구쳐주고 있었다. 거절을 못해서 억지로 일을 떠맡기도 했다.

헛헛하고 공허했다. 나도 이야깃거리가 있는 사람이다. 나도 내 얘기를 하고 싶었고, 자기 이야기만 하는 사람 말을 끊어보고 싶었다. 거절할 때 미안해하지 않고 쿨하게 말하고 싶었다. 배려하는 말만 하며 웃고 들어주던 나는 별로 행복하지 않았다.

상담심리학을 공부하면서 진짜 나를 찾고 싶어졌다. 그러기 위해 나의 생각을 말하고 내가 하기 싫은 일을 거절하는 연습을 했다. 어떻게 하면 다른 사람과 좋은 관계를 유지하면서 내 의사표현을 명확하게 할 수 있을지, 어떻게 대화하면 갑을이 아닌 관계의 균형을 맞추며 이야기할 수 있을지 고민하고 훈련했다.

그러나 아나운서로 오랜 시간 나를 낮추며 얻게 된 배려의 말 또한 버리지 않기로 했다. 직업병을 살려서 무례하지 않게, 부드럽고 기분 좋게 내 목소리를 내기로 했다. 상대의 마음을 여는 배려의 말과, 눈치 보지 않고 당당하게 내 목소리를 내는 것, 이 둘의 균형을 잡을 수 있을까. 이것이 나의 가장 큰 고민이자 도전과제였다.

나뿐만 아니라 많은 사람들이 직장생활에 치여, 상사 눈치 보느라, 친구와 좋은 관계를 위해, 가족에게 상처주지 않기 위해 진짜 내가 하고 싶은 말을 누르고 맞춰주는 말에만 익숙한 건 아닐까. 그런 말하기에 익숙해져 나답게 말하는 것을 잃어버린 것은 아닐까.

아직 나는 시행착오를 겪고 있지만, 아직은 입을 다물고 맞춰주는 게 편하지만, 포기하지 않고 나다움을 찾기로 했다. 내 목소리를 내며, 나도 내 이야기를 하며 살기로 했다. 애써 참지도 않고, 그렇다고 까탈스럽게 내 주장을 하지 않으면서, 물 흐르듯 자연스럽게 나를 표현하며 소통의 균형을 잡아가기로 했다. 조금만 더 신경 쓰면 하고 싶은 말을 부드럽고 센스 있게 할 수 있다.

주변에 흔들리지 않고 내 목소리를 내기 위해서는 먼저 자기 자신을 더 자세히 들여다보는 시간이 필요하다. 그래서 1장에서는 진짜 나를 알아가기 위한 방법에 대해 다루었다. 1장을 천천히 따라가다 보면, 그동안 바쁜 시간 속에 살며 놓쳤던 진정한 나를 찾고 내가 원하는 것을 알아가는 시간이 될 것이다. 그리고 2장에서는 불편한 사람들에게 휘둘리지 않고 어떻게 대화할 수 있는지 구체적인 대화법을 찾아보았다. 1장에서 잡은 자기 중심을 불편한 관계 속에서 실천해볼 수 있는 기회가 될 것이다. 3장에서는 내가 진짜 하고 싶은 말을 참지 않고, 부드럽고 솔직하게 전하는 자기표현에 대해 다루었다. 큰 갈등부터 소소한 욕구까지 하나둘 표현하는 재미를 알게 될 것이다. 4장에서는 더 나아가 유연함과 인간미가 느껴지는 자기표현 대화법에 대해 살펴보았다. 좀 더 자유롭고 자연스러운, '나다운' 자기표현에 다가가게 될 것이다.

균형에는 디테일이 필요하다. 그동안 너무 참고 들어주기만 했던 나라면, 혹은 당당한 자기표현이 너무 거칠었던 나라면, 양쪽 추를 조금 섬세하게 맞춰보자. 균형 잡힌 자만이 가질 수 있는 놀라운 힘을 경험하게 될 것이다.

2019년의 여름날

강미정

자기표현이 어려울 때

내 마음을 들여다보는 법

"스스로를 잘 알지 못하는 당신에게"

intro.

미드나잇 인 파리,
진짜 나를 만나는 시간

몇 년 전, 잠시 파리에 갈 수 있는 기회가 있었다. 그래서 떠나기 전 아주 들뜬 마음으로 〈미드나잇 인 파리〉라는 영화를 챙겨보았다. 파리의 거리에서 느껴지는 낭만, 역사 깊은 예술, 그 이미지를 마음에 담고 기대를 한껏 부풀려 파리로 떠났다.

얼마 전에 영화를 다시 봤다. 파리의 낭만보다 더 깊이 들어오는 것이 있었다. 주인공 '길'이 진정한 자신을 찾아가는 과정이었다. 주인공은 시나리오 작가이다. 그러나 늘 소설가를 꿈꾸고 있다. 그는 약혼녀와 파리여행을 떠난다. 흥이 많은 그녀는 밤늦은 파티 후에도 친구들과 춤을 추러 가고, 그는 그곳을 빠져나와 홀로 파리의 밤거리를 걷는다. 그러다 밤 12시를 알리는 종이 울리고 영문 모를 차가 자신을 태우러 온다.

얼떨결에 도착한 곳은 헤밍웨이, 피카소, 피츠제럴드,

T.S.엘리엇 등 시대를 대표하는 예술가들이 모여 파티를 열고 있는 1920년대. 동경하던 예술가들과 친구가 되어 꿈 같은 시간을 보낸다. 자신도 글을 쓰고 있다고 하자 파리 예술계의 대모였던 스타인이 그의 글을 봐주기로 한다. 그는 다음 날 아무에게도 보여주지 않았던 소설 원고를 들고 간다. 그렇게 그는 매일 밤 12시에 그곳에서 차를 기다린다. 꿈만 같은 여행이다. 그곳에서 그는 자유롭다. 약혼녀의 잔소리를 신경 쓰거나, 자기의 소설로 성공하지 못할 것 같아 걱정할 필요도 없다. 그리고 스타인에게 호평을 들으며 재능을 발견한다. 그는 자기 안에 꿈틀거리는 열정을 찾고, 자기답게 살기로 결심한다.

그는 현실로 돌아와 소설가로 살기로 마음먹고 파리에 머물기로 한다. 자신을 전혀 이해해주지 못하는 약혼녀와도 헤어진다. 홀가분하게 파리의 밤길을 산책하던 그는, 여느 때처럼 자정의 종소리를 듣지만 차에 오르지 않는다. 아마, 더 이상 그곳에 가서 예술인들에게 묻지 않아도 진짜 자신을 찾았기 때문일 것이다.

그는 동경하는 예술가들을 만나러 매일 밤 황금시대로 떠났지만, 사실 자기 내면으로 여행을 떠난 것이라는 생각이 들었다. 내면의 목소리, 자신의 꿈, 재능, 인정받고 싶은 마음, 나로 살고 싶은 용기, 진정한 사랑, 그것을 내면 여행에서 찾았던 것이 아닐까. 주인공의 이름이 '길'인 것도 내게는 우연이 아닌 것처럼 느껴졌다. 내가 찾고 있는 길은 바로 '나 자신'이라고 말하고 있는 듯했다.

나에게 관심을 갖고 내면의 목소리에 귀 기울이면, 그동안 가면 뒤에 가려져 있던 진짜 나를 만날 수 있을 것이다. 진짜 나를 만나는 것이 자유롭게 나를 표현할 수 있는 첫걸음이다. 이번 장에서는 눈치를 본다는 건 무엇인지, 나의 대인관계 용량은 어느 정도인지, 자존감과 자신감에는 무엇이 필요한지, 나를 변화시키려면 어떤 질문을 해야 하는지, 내면의 목소리를 들으려면 어떻게 해야 하는지에 대해 살펴보겠다. 이번 장을 통해 진짜 나를 만나는 시간에 집중하면, 2, 3, 4장에서의 구체적인 대화법을 훨씬 더 수월하게 내 것으로 만들 수 있을 것이다.

인생에서 가장 시급한 일은

바로 자기 자신을 되찾는 것이다.

- 로빈 노어우드

01

눈치 보지 말고,
내 마음 먼저 보기

"눈치가 빠르구나!"라는 말을 들으면 눈치 있는 내가 좋다가도 "눈치 좀 그만 봐!"라는 말을 들으면 눈치 보는 내가 참 싫다.

"눈치가 없어!"라고 하면 눈치를 키워야 할 것 같은데 "눈치 보지 말고 살아"라고 하면 눈치를 없애고 싶다.

〈김제동의 톡투유2〉를 보다가 인상 깊은 이야기를 접했다.

따르릉 전화벨이 울린다.

"경찰입니다. 무슨 일이세요?"

"○○육교 근처에 있는 모텔인데요. 짜장면 2개만 갖다 주세요."

"……. 혹시 남자친구한테 맞았어요?"
"네."

"자장면집이라고 말하면서 저한테 말하면 돼요. 모텔 이름이 뭐라고요?"
"여기 ○○ 모텔이요."

"거기가 ○○ 부근에 있는 곳인가요?"
"네. 여기 502호예요."

"502호 가서 똑똑 두드리면 문 열어주세요."
"네."

"자장면 빨리 갖다 준다고 하세요. 남자친구한테."
"네."

내가 들었던 음성은 실제 112에 신고된 내용이었다. 이 경찰의 날카로운 눈치에 나는 온몸에 전율이 일었다. "짜장면 한 그릇 갖다 주세요" 하는 순간 버럭 화를 내며 "장난 전화하지 마세요!"라고 할 줄 알았다. 그런데 그 말을 듣고 "남자친구한테 맞았어요?"라고 하는 생뚱맞은 경찰의 반응. 그의 눈치는, 어떻게든 남을 도우려고 촉각을 곤두세우고 있는 사람만이 가질 수 있는 감지기와 같다. 눈치는 때로 누군가를 살릴 수 있을 만큼, 마음 깊은 곳을 들여다볼 수 있게 하는 힘을 갖고 있다.

지하철 역 계단에 불편한 몸으로 추위에 떨며 구걸하는 사람이 있다. 그런 이들을 마주칠 때마다 마음이 안타깝고 조금이라도 돕고 싶다. 그런데 다가가는 사람은 아무도 없고 모두 바쁜 걸음으로 지나쳐가니, 나 혼자 멈추어 서기가 쉽지 않다. 내가 멈추면 지나가는 길에 방해가 될까? 나만 착한 척하는 거 아니야? 얼마 되지 않는 돈이 도움이 될까? 괜히 천 원짜리 한두 장 넣으면 자존심 상하는 거 아닐까? 다른 사람을 의식하며 우물쭈물하는 순간 나는 바쁘게 걸어가는 사람들 사이에 섞여 그 자리를 지나쳐버리고 만다.

그 작은 도움을 주는 것에도 이렇게 다른 사람의 눈치를 보다니, 이래서야 내가 하고 싶은 대로 살 수나 있을까?

눈치를 본다는 것은 무엇일까. 이 말은 참 자주 쓰는 말이지만 막상 무엇이라고 정의를 내리려면 참 어렵다. 한참을 고민 끝에 나는 이렇게 결론 내렸다.

'눈치를 본다는 것은, 나의 마음보다 남의 마음을 더 많이 살피는 것.'

다른 사람의 마음을 더 많이 살핀다는 이 정의가 긍정적으로 느껴지는 사람은, 아마도 그동안 나를 더 중요하게 생각해 와서 이제는 남의 마음도 좀 살피고 싶은 사람일 가능성이 높다. 이 정의가 부정적으로 느껴지는 사람은, 그동안 다른 사람의 마음을 많이 살펴온 것에 지쳐 이제는 나를 더 돌아보고 싶은 사람일 가능성이 높다. 추측이지만 아마도 후자가 더 많지 않을까(적어도 이 책을 집어든 사람이라면 말이다).

나는 이 정의를 써놓고도 한참을 살펴봤다. 나의 마음을 살피는 것도 중요한 일이고, 남의 마음을 살피는 것도 중요한 일인데, 남의 마음을 '더 많이' 살피는 것은 좋은 것일까,

좋지 않은 것일까. 타인을 더 살피는 것이 따뜻한 배려로 느껴지기도 하고, 나를 덜 돌본다는 건 안타깝게도 느껴지기도 한다.(눈치 보는 게 좋은 거야, 안 좋은 거야?)

누군가 그랬다. 이 세상에 그 자체로 나쁜 것은 없다고. 어떻게 쓰느냐에 따라 달라지는 것이라고. 눈치도 그렇다. 눈치는 관계에서 수시로 필요하다. 그러나 지나치면 나를 잃어버리기 쉽다. 눈치라는 단어는 상황에 따라 전혀 다른 뉘앙스로 쓰인다. 눈치의 여러 기능 중에 긍정적인 부분을 내게서 키우면 된다.

눈치가 없다는 건, 다른 사람의 마음을 못 읽는다는 것이다. 반대로 눈치가 있다는 건 '다른 사람의 마음을 읽는 센스가 있다'는 것이다. 눈치를 본다는 건, 내 마음을 잘 표현하지 못한다는 것이다. 반대로 눈치를 안 본다는 건 '내 마음을 자유롭게 표현한다는 것'이다. 다른 사람의 마음을 잘 읽으면서, 내 마음도 잘 표현할 수 있으면 '눈치는 있지만, 눈치 보지는 않는 사람'이 될 수 있다.

눈치에 대해 한참을 생각하다 한 가지 재미있는 사실을 발견했다. 다른 사람들은 내가 눈치 있기를 바라고, 나 자신은 눈치 보지 않기를 바란다는 것이다. 눈치라는 건 좀 더 다른 사람을 위해 생긴 기능이라는 생각이 든다. 이 세상에 나 혼자만 존재한다면 '눈치'라는 개념 자체가 존재하지 않을 테니. 그래서 나답게 살고 싶은 사람들이 "이제 눈치 보지 않고 살고 싶다!"라고 외치는 것 아닐까.

눈치에도 균형이 필요하다. 사회생활에서 센스 있는 민첩함으로 사랑받는 것도 중요하지만, 나를 잃지 않는 건 더 중요하다. 내 마음을 표현하며 나답게 사는 것은 어쩌면 가장 중요한 일이다. 그래서 나는 이제 '다른 사람을 살피는 마음'보다 '나를 살피는 마음'에 조금 더 비중을 두려 한다. 그동안 한쪽 날개만 써왔다면, 이제 다른 쪽 날개를 집중 훈련하려 한다. 두 날개에 균형이 잡히면, 진짜 내 모습으로 힘차게 날아가리라.

눈치를 본다는 것은 '나의 마음보다 남의 마음을 더 많이 살피는 것'이다. 그동안 다른 사람의 마음을 더 많이 살펴왔다면 이제 내 마음도 섬세하게 살펴 균형을 맞춰보자. 다른 사람의 마음을 읽어주는 센스를 간직하되, 나를 표현하는 것도 더 자유롭게 할 수 있다면 눈치를 긍정적으로 활용할 수 있다. 나를 표현하는 구체적인 방법들은 이어지는 2, 3, 4장의 내용을 하나씩 참고해보자.

02

나의 대인관계 용량은
몇 cc일까?

상담심리 대학원에서 재미있는 심리검사 워크숍을 했다. FIRO-B*라고 하는 그동안 접해보지 못했던 생소한 검사였다.

"당신의 관계 용량은 몇 cc입니까?"라는 제목이 걸려 있는 것을 보고, 검사를 시작하기 전부터 나의 대인관계 용량은 어느 정도일지 너무너무 궁금했다. 나는 원래 많은 사람과 어울려 지내거나 그다지 붙임성이 좋은 성격이 아닌데,

---

* Fundamental Interpersonal Relations Orientation-Behavior의 약자, 윌리엄 슈츠 (William Schutz) 박사의 3차원 대인관계이론에 기초하여 개발된 대인관계욕구 및 행동을 측정하는 심리검사 도구

사회생활을 하고 특히 아나운서로 수많은 사람들을 만나면서 관계에 유연해지고 빠르게 친밀감을 형성하는 사람으로 바뀌었기 때문이다. 과연 타고난 기질대로 결과가 나올까, 아니면 다듬어진 성격대로 나올까.

타고난 기질대로였다. 거의 최하 점수가 나왔다. 점수를 잘못 매긴 게 아닐까 싶어 여러 번 확인했다. 그 점수가 맞았다(기질은 변하지 않는구나). 대인관계욕구 0~54 중에 한국인 평균은 21.9였고 나는 10이었다. 수십 명 검사자 중 10점 이하는 거의 없었으니 나는 매우 낮은 편이었다. 왠지 낮은 숫자가 조금 아쉽게 느껴지기도 했는데 설명을 듣고 나니 이해가 됐다. 관계 용량이 크다고 좋고 작다고 좋지 않은 것이 아니라, 많은 사람들과 관계를 맺고 싶어 하는 사람인지, 아니면 몇 사람만의 관계에서도 만족을 느끼는 사람인지를 파악하는 것이라 했다. 나의 대인관계 '욕구'에 대한 내 그릇의 크기를 아는 것이다.

그러고 보니 나의 인간관계는 늘 좁고 깊은 편이었다. 가장 친한 친구도 어릴 적부터 친구 세 명, 그 외에 친구를 더 많이 만들려 하거나 애써 더 많은 사람을 만나려 하지 않는다. 수십 명이 함께하는 모임에서도 이 사람 저 사람 다양한 관계를 맺기보다 마음 맞는 한두 사람과 통하면 그걸로 충분히 의미가 있었다. 결혼식도 꼭 가고 싶은 경우에만 갔고, 내 결혼식에도 그리 많이 초대하지 않았다. 내 나름의 울타리 안과 밖의 구별이 확실했다. 울타리 안의 사람에게는 따뜻하고 지속적인 관심을 보이지만, 그 밖의 사람들에게는 차가울 만큼 무관심했다. 그리고 누군가 함부로 선을 넘어 들어오는 것을 무척 싫어했다. 사회생활을 하면서 더 많은 사람을 담아도 보고 먼저 다가가 보며 많이 달라진 줄 알았지만, 내가 행복하게 담을 수 있는 그릇의 용량은 정해져 있었던 것이다.

검사를 통해 내 관계욕구를 확인한 후로 나는 관계 용량을 애써 늘리려 하지 않고 나의 있는 그대로를 존중해주었다. 왠지 빠지면 소외될 것 같아 신경 쓰였던 모임에도 가지 않았다. 네트워크를 위한 자리도 꼭 가고 싶을 때만 갔다. 가기 싫은 모임이나 연락에 스트레스를 받지 않게 되었다. '나는 친밀한 몇 사람과의 관계에서도 충분히 행복을 느낄 수 있는 사람이야'라고 스스로 명확히 알고 나니 불필요한 인간관계에 신경을 빼앗기지 않게 되었다. 그렇다고 인간관계를 갑자기 정리하거나 쳐낼 필요는 없지만, 관리하려 애쓴다든지 원치 않는 인간관계를 유지하려고 에너지를 쏟을 필요가 없어졌다. 그저 마음 가는 대로 편하게, 적당히 거리가 있는 사람들과는 그냥 그렇게 지내면 되는 거였다. 그러고 나니 내 자신과 소중한 사람들에게 쓸 수 있는 에너지가 더 많아졌다.

꼭 검사를 해야만 나의 관계 용량을 알 수 있는 건 아니다. 워크숍을 함께했던 같은 과 대학원생들이 검사 결과의 점수에 따라 네 그룹으로 나눠 앉았는데, 그 결과는 서로가 예상할 수 있는 대로였다. 누가 봐도 '오지랖이 넓은 사람', 사람들에게 관심과 호기심을 갖고, 모임과 만남을 좋아하는 사람이 High 그룹에 앉아 있었다. 내가 있던 Low 그룹에는 독립적이거나, 소수의 사람들과 가까이 지내는 사람들이 모였다. 각 그룹에 앉아 있는 사람들을 보며 '역시 그렇지'라는 생각이 들었다. 검사를 하지 않아도 자신이 어떤 것을 선호하는지, 어떤 상황에서 편안함과 만족을 느끼는지 가만히 들여다보면 알 수 있다.

사회생활을 하면서 다들 관계 용량을 늘려보려 애쓰지

만 꼭 그럴 필요는 없다. 워크숍을 진행했던 권수영 교수는 '대인관계가 좋다'는 것은 마당발이거나, 처세술에 능하거나, 의사소통 능력이 좋은 것이 아니라, 나와 다른 사람의 '관계욕구의 용량을 이해하는 능력이 있다는 것'이라 했다.

나의 관계욕구 용량은 몇 cc일까. 1000cc로 충분히 행복한 경차인데 괜히 남의 시선 신경 쓰며 2000cc, 3000cc 차처럼 무리해서 달리는 것은 아닌가. 자꾸 큰 차로 바꾸려는 것은 아닌가. 내 크기에 맞게, 내 행복에 집중하며 나다운 관계를 만들어보자.

= Detail Tip =

내가 자주 만나는 사람은 몇 명인가? 내가 자주 가는 모임은 몇 개인가? 나는 어느 정도의 인간관계로 만족을 느끼는가? 애써 대인관계를 넓히지 않아도 된다. 내가 행복할 만큼에서 만족할 수 있다면, 스트레스에서 벗어나 소중한 관계에 더 집중할 수 있다.

03

자신감과
자존감에 필요한 것

자존감과 자신감은 다르다. 자존감은 나를 사랑하고 존중해주는 마음이고, 자신감은 자신의 역량으로 해낼 수 있다는 믿음이다. 자신감에는 준비가 필요하고 숙련이 필요하다. 어느 한 분야에 전문가처럼 단련이 되면 그 분야에서는 자신감이 생길 수밖에 없다. 또 그 분야의 전문가도 전혀 생소한 분야에 오면 자신감이 전혀 없을 수도 있다.

능숙하게 방송을 진행하던 아나운서도, 영어로 진행해야 하는 상황이라면 땀을 뻘뻘 흘릴 수 있다. 기계를 다루는 엔지니어가 그 분야에서는 척척 박사일지라도 남들 앞에 서서 발표를 하라고 하면 벌벌 떨 수도 있다.

나는 자신감이 많은 사람인 줄 알았다. 방송 진행을 10년간 하면서 수천 명 앞의 무대에도 서봤고, 긴장감 넘치는 생방송도 매일 진행했다. 또 스피치와 커뮤니케이션에 대한 교육을 하면서 많은 사람들에게 자신감과 용기를 불어넣어주려 했다. 그런데 그런 나의 자신감이 산산이 해체되는 경험을 한 적이 있다.

몸도 마음도 지쳐 휴직을 하고 운동을 먼저 시작하려던 때였다. 나름 자신 있는 탁구를 체계적으로 배우고 싶어 동네 주민자치센터에 등록을 알아보았다. 그런데 탁구가 워낙 인기가 많아 신규 회원이 들어갈 자리가 없었다. 그나마 몸을 움직이는 활동 중 등록이 가능한 것은 '재즈댄스'였다. 나는 몸치이고 춤을 배워본 적도 없지만 새롭게 도전하는 것도 재미있을 것 같았고, 주민센터에서 주부들과 함께하는 정도라면 충분히 따라갈 수 있을 것 같아 등록했다.

그러나 첫 수업은 매우 충격적이었다. 고난도의 댄스를 멋지게 아이돌처럼 소화해내는 주부들. 나보다 훨씬 나이가 많은 주부들이었지만 그들의 몸동작은 능숙했다. 워킹 연습을 할 때는 그들의 걸음걸이와 표정에서 모델과 같은 포스가 느껴졌다. 감탄마저 나왔다.

나는 맨 뒷줄에서 이쪽저쪽 눈치를 보며 어설프게 따라 하기 바빴다. 워킹연습을 할 때는 이상한 걸음걸이로 앞으로 나가는 것조차 너무 부끄러웠다. 춤 동작을 천천히 하나하나 알려줬음에도 불구하고 도무지 따라 하기가 어려웠고, 음악에 동작을 연결하는 것은 거의 불가능했다. 이런 부끄러움, 바닥으로 떨어진 자신감을 경험한 게 도대체 몇 년 만인가. 빨리 그 자리를 벗어나고 싶었다. 매번 주변을 살피며 겨우 흉내만 내는 어설프고 초라한 내 모습이 참 낯설고 싫었다.

그때 나는 깨달았다. 자신감이란 내가 절대적으로 가지고 있는 것이 아니다. 상황에 따라, 주제에 따라 하늘과 땅 차이로 달라질 수 있는 것이다. 준비가 된 만큼, 연습과 반복과 숙련이 된 만큼 생기는 것이 자신감이다. 스피치 교육을 할 때 자신감이 없는 사람에게 '자신감을 가지세요!'라는 말을 쉽게 해왔던 나를 반성했다. 자신감은 마음만을 바꾼다고 갑자기 가질 수 있는 것이 아니기 때문이다. 나는 방송을 10년 했으니 당연히 사람을 만나고 말을 하는 것에 있어 자신감이 있을 수밖에 없고, 춤을 추던 주부들은 4년, 5년을 빠짐없이 일주일에 세 번씩 연습하고 또 연습했으니 그런 멋진 포스가 나올 수밖에 없는 것이다.

　나는 마트에서 계산할 때 그런 걸 종종 느낀다. 대형마트 계산대에 있는 아주머니들에게 엄청난 포스가 느껴진다. 일의 속도, 능숙한 손놀림, 고객을 압도하는 말과 목소리, 그 와중에 고객과 대화를 나누는 유연함까지. 그들이 처음 시작할 때 모습은 어땠을까. 혹은 입사하며 자기소개를 할 때의 모습이나 그들 자녀의 교사 앞에서의 모습은 어떨까. 다른 곳에서는 그 포스가 사라질 수도 있다. 하지만 몇 년 동안 숙련되어온 자신의 자리에서는 그 능숙함과 아우라가 저절로 묻어난다.

　자신감이란 그런 것이다. 내가 준비하고 단련된 만큼 보여줄 수 있는 것, 내 안에 쌓인 내공이 그대로 보이는 것이다. 그래서 스피치 코칭을 하면서 자신감이 없어 고민이라고 찾아온 사람들에게 내가 첫 번째로 하는 것은 같이 철저히 준비하는 것이다. 의사의 논문 발표, 회장의 이임사 등을 함께 준비했다. 논문의 내용까지 함께 살펴보고, 영어논문일 때는 잘 모르는 영어의 뜻을 묻고 찾아가며 핵심을 명료하게 발표할 수 있도록 준비하고 또 준비했다. 회장의 이

임사를 준비할 때는 회장 임기 동안 있었던 수많은 이야기를 귀 기울여 듣고, 그중에서 인상 깊은 이야기를 찾아 함께 정리하고, 그것을 재미있게 스토리텔링으로 전하는 연습을 반복했다. 발표만 하면 온몸이 빨개졌던 그 의사는 발표 후 처음으로 엄청난 칭찬을 들었다고 했고, 회장은 워낙 연습을 많이 해서 준비한 원고를 보지 않고 자연스럽게 마무리할 수 있었다고 했다. 내가 해준 코칭에 비밀의 묘약이 있었던 것이 아니었다. 난 단지 그들과 '철저한 준비'를 했을 뿐이었다.

한편 자존감은 자신감과 많이 다르다. 자존감은 '나를 존중해주는 마음'이기 때문에 분야나 상대에 따라 크게 요동치지 않는다. 내가 역량이 뛰어나거나 성과를 내서 자존감이 있는 것이 아니라, 지금 나의 모습을 있는 그대로 받아들이고, 나를 사랑하고 아껴주는 것이다.

인기를 끌었던 드라마 〈밥 잘 사주는 예쁜 누나〉에서 배우 손예진이 연기했던 윤진아의 모습을 통해 자존감의 회복이 저런 것이 아닐까 느낀 적이 있다. 주인공 윤진아는 회사 여직원 사이에서 별명이 '윤탬버린'이었다. 상사들의 온갖 비위를 다 맞춰주고, 부당한 대우도 참는다. 회식 자리에서는 상사들의 테이블을 돌며 고기를 굽고, 러브샷도 흔쾌히 응해준다. 노래방에서도 불쾌한 스킨십을 참고 넘어간다. 여직원들은 윤진아를 보며 눈살을 찌푸리고, 상사들은 그런 그녀를 예뻐하면서도 자신들 필요에 따라 쉽게 이용해먹는다.

그러던 그녀가 회식을 거부하고 자기 목소리를 당당하게 내기 시작했다. 그녀의 실력이 변했거나 상황이 변한 것은 아니었다. 그녀는 원래 똑똑하고 능력 있는 직원이었다. 바뀐 것은 그녀의 자존감이었다. 자신을 '진정으로' 사랑해주는 남자에게 처음으로 '온전한 수용'을 경험한 것이다. 그녀는 자신이 정말 소중하다는 걸, 있는 그대로 사랑스럽다는 걸 경험했다. 꼭 연애를 해서 바뀐 것은 아니다. 그녀는 이전에 다른 남자친구와 오래 연애를 했지만 그때도 여전히 그녀는 '윤탬버린'이었고 연애의 자존감도 바닥이었다. 찌질한 전 남자친구와 깨끗하게 이별도 못하고 질질 끌었는데, 이런 창피한 모습까지 다 아는 이 남자에게 자신의 모습 그대로 받아들여지고, 사랑받으며 달라진 것이다. 그녀는 회사에서도 자신의 목소리를 내기 시작한다.

노래방에서 탬버린 치거나 불쾌한 스킨십 등을 더 이상 참지 않겠다고 말한 것이다. 그리고는 부적절한 식사 자리에서 이처럼 명료하게 거절하고 자리를 나온다. 원치 않는 2차 회식자리도 당당하게 거부한다. 이런 그녀의 모습에 상사들은 당황하기 시작하고, 동료 여성들도 하나둘 용기 내어 목소리를 내기 시작한다. 회사에 이상한 바람이 불자 상사가 윤진아를 불러 갑자기 다른 사람이 된 것 같다며 도대체 달라진 이유가 뭐냐고 묻는다. 그러자 그녀는 그동안 자신이 얼마나 소중한 존재인지 모르고 살았고, 그녀를 생각하고 지켜주려 하는 남자를 보면서 그 사람이 덜 걱정하게 스스로를 잘 지켜야겠다는 다짐을 하게 되었다고 말했다.

자신이 소중하게 받아들여지는 경험을 하고 나니 자신을 소중히 여기는 법도 알게 되고, 나를 사랑하는 사람을 통해 스스로를 사랑하는 법도 배우게 된 것이다. 그래서 다른 사람의 시선이나 말에 집착하지 않고 자신의 목소리를 내게 된 것이다.

꼭 연인만이, 상대만이 해줄 수 있는 것이 아니다. 내가 나의 모습을 온전히 수용해 가면, 내가 나를 존중해주면,

나도 남의 시선보다 나의 마음을 더 소중하게 여길 수 있다. 내가 원하는 것을 두려움 없이 표현할 수 있다. 자존감은 내가 하는 수많은 일을 좌우하기 때문에 정말 중요하다.

나의 멋진 모습과 함께 내가 싫어했던 나의 모습, 실수, 창피하고 찌질한 나의 모습까지 모두 적어보자. 그리고 이 모든 게 나라고, 괜찮다고, 멋지다고 수용해주자. 당당한 표현은 건강한 자존감에서 나오고, 건강한 자존감은 수용과 존중에서 시작된다.

=== Detail Tip ===

당당하게 자기표현을 하기 위해선 건강한 자신감과 자존감이 필요하다. 자신감은 철저한 준비와 숙련에서, 자존감은 나를 사랑하고 존중해주는 마음에서 비롯된다. 나의 자신감과 자존감은 각각 몇 점일까? 어떻게 하면 점수를 높일 수 있을까?

04

스스로에게
당당한 삶을 찾으려면

미투 운동이 세계적으로 퍼졌다. 소셜 미디어에 MeToo라고 해시태그를 달아 자신이 겪은 성범죄를 고발하는 캠페인으로, 할리우드 영화배우의 제안으로 시작됐다. 이 캠페인을 제안한 지 하루 만에 50만 명이 넘는 사람이 지지를 표했고, 8만 명이 넘는 사람들이 해시태그를 달아 자신의 경험을 폭로했다. 우리나라에도 미투 운동이 거세게 일었다.

우리나라에서는 법조계를 시작으로 문단계, 연극계, 문화·예술계, 정치계에 이어 학교 내 미투 운동인 스쿨미투까지 빠르게 확산되며 파문을 일으켰다. 단순히 소셜 미디어에 밝히는 것을 넘어 적극적으로 인터뷰에 응하고, 법적 대응을 하고, TV뉴스에도 출연해 자신의 목소리를 내는 사람들이 많아졌다.

그렇게 큰 용기를 낼 수 있는 그들의 심리가 궁금해 많은 심리학자들의 의견을 찾아보았다. 그들은 미투 운동의 심리에 대해서 누군가 먼저 시작하면 후발주자의 경우 부담감이 적다는 '공감의 힘'과 혼자가 아니라는 '보편성의 심리', 그리고 앞에 세 사람이 동의하면 동조의 크기가 더 커진다는 '동조심리' 등에 대해 이야기했다.

그러나 나의 생각은 좀 다르다. 여성이 성추행이나 성폭행 경험에 대해 자기노출을 하는 것은 엄청난 용기가 필요한 일이다. 알리고 싶지도 않을 것이고, 알렸을 때 주변의 관심, 시선, 선입견, 앞으로의 피해 등 감수해야 할 것들이 너무 많다. 또 그 사실을 알린다고 해서 가해자에게 진심어린 사과를 받을 수 있는 것도 아니다(사과는커녕 맞고소가 기본이다). 만일 받는다 한들 사과로 치유될 일도 아니다. 표면상으로 내게 도움이 될 것은 하나도 없다. 오히려 단단히 각오하고 감내해야 할 것투성이다. 그러니 그저 누군가가 먼저 밝혔다는 이유로, '그래, 그럼 나도'라고 쉽게 커밍아

웃을 할 수 있는 일은 아니다.

나라면 그런 용기를 낼 수 있었을까, 여러 번 상상해보았다. 솔직히 나는 못할 것 같다. 그런 용기를 내기란 쉽지 않다. 무엇이 그녀들을 용기 있게 만들었을까? 나는 아마도 사람들의 시선보다 자기 내면의 목소리를 더 존중하는 사람들이 많아졌기 때문이라고 생각한다. 내 안에서 외치는 절규, 억울함, 상처를 누르고 나를 속이며 살 수도 있지만, 이제 그것을 거부하는 것이다. 남들이 어떻게 보든, 어떤 시선과 불편함을 받든 더 이상 나를 속이고 싶지 않은 것이다. 내면의 목소리가 원하는 소리를 낼 수 있도록 나를 자유롭게, 나답게 놓아주는 것이다. 그리고 그것은 내 잘못이 아니라고, 자책하지 말라고 스스로에게 입증하는 것이다.

잘 알려진 몽고메리 버스 보이콧 사건은 한 여성이 자기 목소리를 내는 것으로 시작됐다. 1955년 미국 몽고메리 주에서는 흑백 분리주의가 더욱 심했다. 버스도 앞은 백인, 뒤는 흑인의 자리로 분리되어 있었는데, '로자 파크스'라는 흑인 여성은 버스 앞자리에 앉았고 백인에게 자리를 양보하지 않았다. 그러자 경찰관이 와서 이렇게 말했다.

"거기 계속 앉아 있으면 감옥에 집어넣겠다."

"그렇게 하세요."

그리고 그녀는 예의 바르게 이야기했다.

"제가 사십 년 넘게 스스로를 가두었던 감옥에 비하면, 벽돌과 철망으로 만들어진 당신네 감옥이 뭐가 그리 대단하겠습니까? 나는 이제 막 인종차별을 거부함으로써 그 감옥에서 빠져나온걸요."

미투 운동에 용기 냈던 그녀들 역시, 스스로에게 솔직하지 못한 고통이 진정한 자기 목소리를 내며 감내해야 하는 고통보다 더 컸던 것 아닐까. 용기 있게 내 목소리를 내는 것은 나에게 솔직해지는 것에서 시작된다. 나의 참모습을 존중해주는 것에서 시작된다. 남의 눈치만 보면 자기 마음은 문드러지고, 자신의 목소리를 누르고 누르면 나다운 삶을 잃게 된다.

진짜 자신을 찾기 위한 그들의 용기 있는 결정이 다른 사람들의 마음에도 뜨거운 불을 지피고 부패한 세상을 바꾸어 가고 있다. 몽고메리에서도 한 여성의 용기 있는 행동이 흑인들의 버스승차 거부운동으로 이어지고 흑인 민권운동의 발단이 되었던 것처럼, 용기 낸 미투 운동이 사회의 변혁을 가져오고 있다. 자기를 존중해주고 자신의 목소리를 내는 일은 이렇게 강력하다.

나를 찾기 위해 과감하게 목소리를 내는 그녀들이 참 멋지다. 그 목소리를 듣고 또 많은 사람들이 용기를 내어 내면의 목소리를 낼 힘을 얻는다. '나도 용기 낼래!' '나도 내면의 소리를 낼래!' 그것이 "Me, too!"의 진짜 의미가 아닐까. 나 또한 그런 용기를 갖고 싶다. 누가 뭐라고 말하든 내 자신에게 솔직할 수 있는 용기, 삶이 조금 험난해지더라도, 내가 감당해야 할 일이 많아지더라도, 솔직한 나로 살기를 선택할 용기 말이다.

내가 나를 위하지 않는다면,
누가 위하겠는가?
내가 나 자신을 위한 유일한 사람이 아니면,
나는 무엇이란 말인가?

- 힐렐

내 목소리를 내며 살기 위해서는 커뮤니케이션 스킬보다 '솔직하게, 나를 먼저 존중하며 살겠다'는 결단과 용기가 먼저 필요하다. 지금 나는 나에게 솔직한가? 남의 시선보다 나를 먼저 생각하는가?

05

나를 바꾸는 방법,
세 가지 질문이면 충분하다

비즈니스 스피치 책을 집필할 때 성공한 사업가들의 커뮤니케이션 노하우를 인터뷰했다. 놀랍게도 그들은 모두 말의 중요성을 깊이 알고 이미 실천하고 있었다. 고민하고, 시행착오를 겪고, 스스로 방법을 찾으며 수 년, 수십 년에 걸쳐 자신만의 노하우를 수련해왔다. 가장 중요한 커뮤니케이션으로 누군가는 스토리텔링을, 누군가는 경청을, 누군가는 목소리를, 누군가는 정직한 말을 꼽았다.

그들의 인터뷰를 정리하며, 말을 업으로 삼아온 나에게는 무엇이 가장 중요할까 생각해보았다. 깊은 고민 없이 떠오르는 것이 있었다. 바로 '질문'이다. 수많은 커뮤니케이션 도구 중 질문은 가장 힘이 세다. 질문은 사람의 생각과 격을 나타내고, 상대의 마음을 열기도 닫기도 한다. 대화의 주제를 주도하기도 하고, 관계의 질을 좌우하기도 한다.

코칭이나 심리상담에서 질문은 사람의 생각을 변화시키고, 인식을 확장하며, 때로는 인생을 바꿀 만큼 강력한 도구로 사용된다. 나 역시 코칭을 받으며 코치의 몇 마디 질문에 뒤통수를 세게 맞은 듯, 나의 좁은 인식이 확장되고 커다란 문제가 순식간에 해결되는 경험을 여러 번 했다.

질문은 꼭 다른 사람에게 하거나 받을 수 있는 것은 아니다. 나 스스로에게 질문하면서 진짜 나의 마음을 알고, 나의 고민을 해결하고, 원하는 것을 이루어갈 수 있다. 우리는 사실 매일 스스로에게 수없이 질문하고 수없이 답하며 살고 있다. '10분만 더 자도 될까?' '오늘 차를 가져갈까, 말까?' '점심 뭐 먹지?' '어디서 만나지?' '이걸 언제 다 하지?' 이런 자문자답 속에서 많은 것을 고민하고 선택하며 하루하루를 살고 있는 것이다. 하지만 이런 질문 말고, 내 마음을 알고 문제들을 해결하기 위해서는 좀 다른 차원의 질문이 필요하다. 나를 향한 질문에도 격이 있다.

나를 바꾸는 세 가지 질문

① 열린 질문

'내가 할 수 있을까, 없을까?'와 같이 Yes or No의 답변을 요구하는 질문은 도움이 안 된다. 혹은 '나는 맨날 왜 이렇지?'와 같이 탓하는 질문 역시 발전이 없다. '무엇을 원해?' '어떻게 하지?'와 같이 나의 생각을 마음껏 펼치며 방법을 찾을 수 있는 질문을 해야 한다.

'내가 과연 거절할 수 있을까?' '나는 왜 하고 싶은 말을 못하지?'라고 질문한다면 '거절하지 못할 거야' '나는 자신감이 없으니까'와 같은 부정적인 결론으로 끝나기 쉽다. 애써 긍정적으로 답변을 끌어내서 '할 수 있을 거야!' '해보자!'와 같이 답했다 하더라도 구체적인 방법을 몰라 결심에 그치고 말 것이다.

구체적인 답을 할 수 있는 열린 질문을 해보자. 어떤 열린 질문을 해야 할지 막막하다면 먼저 '무엇'을 넣어본다.

Q   내가 진짜 원하는 것은 무엇이지?

나는 당당해지고 싶어.

Q　당당하다는 건 무엇일까?

　　눈치 보지 않고 내 생각을 표현하는 것.

Q　무엇이 날 눈치를 보게 만드는 걸까?

　　글쎄. 눈치 주는 사람은 없는데……. 나 스스로 자신감이
　　없어서 그러는 것 같아.

Q　무엇을 하면 자신감이 생길까?

　　내가 하고 있는 분야에서 전문가가 되면 자신감이 생길 것
　　같아.

Q　그럼 전문가가 되기 위해 지금 무엇을 할 수 있을까?

　　그동안 쌓은 경험과 자료로 교육 프로그램을 만들어야겠어.

　　'어떻게 하면'을 넣어보자.

Q　어떻게 하면 회의 시간에 내가 하고 싶은 말을 당당하게 할 수
　　있을까?

　　더 자신감이 생기면 당당하게 말할 수 있을 것 같아.

Q　어떻게 하면 자신감이 생길까?

　　내가 더 준비가 되면.

Q　준비가 되려면 어떻게 하면 되지?

제안서에 대해서 자료 보충을 더 해야 할 것 같아.

Q   그럼 먼저 어떻게 하면 되지?

회사 매출을 보기 쉽게 표로 정리해야겠다.

이렇게 열린 질문을 이어가다 보면 내 마음이 원하는 것을 알게 되고, 그것을 이루기 위한 구체적인 방법을 찾게 된다. 답은 이미 내 안에 다 있다.

② 확장질문

위의 열린 질문을 통해서도 좋은 해결책을 찾았지만 그것을 확장시키면 지혜로운 방법을 더 많이 찾을 수 있다. '또 어떤 모습이 되고 싶어?' '진짜 원하는 게 또 있을까?' '그 외에 또 좋은 방법이 있을까?'라고 더 캐내는 것이다. 그것이 다일 것 같지만 계속 질문하고 생각하면 계속해서 지혜가 떠오른다. 내 안에는 내가 미처다 캐내지 못한 어마어마한 지혜의 보물이 숨어 있다.

Q   자신감을 갖기 위해 그 외에 또 다른 방법이 있을까?

취미 생활을 하면서 좋아하는 것을 찾으면 좀 더 자신감이 생길 것 같아.

Q 좋은 방법이다! 혹시 또 있을까?

음. 인정받는 경험을 가지면 자신감이 생길 것 같아. 일단 이번 프로젝트를 성공시켜서 인정을 받아야겠다.

또 다른 확장 질문은 좁은 틀에 갇혀 있던 인식을 확장시키는 것이다. 내가 경험했던 확장 질문 중에 가장 강력한 것은 '만일 아무런 제약이 없다면?'이다.

Q 만약, 아무런 제약이 없다면 어떻게 살고 싶어?

하고 싶은 대로 살 수 있다면, 나 회사 그만두고 여행하고 책 쓰면서 살고 싶어.

Q 회사 그만두지 못하게 하는 이유가 있어?

음. 아니 그런 건 아니지만 당장 그만두기는 좀….

Q 여행하고 책 쓰는 일을 아직 못 한 이유가 뭘까?

아니, 뭐 회사도 그렇고. 딱히 이유가 있는 건 아닌데, 하려면 할 수는 있지.

Q 그럼 지금 그렇게 하면 안 될까?

'만약 아무런 제약이 없다면?' '혹시 모든 것이 가능하다면?' '내일 아침에 기적이 일어난다면?'이라는 질문을 하면 그동안 생각해보지 못했던 재미있는 상상력을 발휘하기 시작한다. 불가능할 것이라는 선입견을 깨고 자유롭게 이야기하다 보면 자신이 정말로 원하는 소망을 알게 된다. 그렇게 아무런 제약이 없는 상황을 가정해 진짜 원하는 삶을 그려보는 것은 매우 중요하다. 사실 그 소망이 이루어지지 못하게 제약하는 것은 그 누구도, 환경도 아닌 자기 자신인 경우가 대부분이기 때문이다.

③ 관점 전환 질문

스스로 관점을 전환하는 것이 어렵다고 느껴진다면 '엉뚱한 질문'이라고 생각하면 더 쉬울 것이다. 지금까지 생각지도 못했던 것, 관계가 없다고 생각되는 것, 가상 속의 질문을 던져보는 것이다.

내가 코칭 실습을 할 때 상대 코치에게 이런 이야기를 했다. 육아와 일에 대한 고민을 이야기하면서 "지금 아기가 너무 어려서 일까지 하기가 힘든데 일을 거절 못하겠어요. 그리고 일을 거절하고 오래 쉬면 커리어를 이어갈 수 있을지 걱정도 되고요."

그랬더니 코치가 이렇게 질문했다.

"갑자기 좀 생뚱맞은 질문일 수도 있지만, 내 인생에 가장 빛나는 시기는 언제일까요?"

"음. 아마도 40대 후반, 50대요. 지금 하고 있는 공부와 일들이 10년 이상 내공이 더 쌓이면 그때는 정말 멋지게 빛날 것 같아요."

"그때는 어떤 모습일까요?"

"제가 지금 연구하고 있는 분야에서 전문가가 돼서 강연하고 코칭하면서 많은 사람들에게 도움을 주는 모습이 그려져요."

"그때의 나를 생각하면 지금 이런 상황을 볼 때 어떤 마음이 드세요?"

그제야 나는 깨달음과 여유의 미소를 지었다.

"훗. 전혀 조급해하지 않아도 되겠네요."

코치는 '생뚱맞은 질문'을 나에게 함으로써 내 미래를 상상해보게 했고, 큰 그림을 그려보게 된 나는 눈앞에 닥친 문제에 대한 조급한 시각을 완전히 바꿀 수 있었다.

소크라테스는 "인간이 지닌 최고의 탁월함은 자기 자신과 타인에게 질문하는 능력이다"라고 했다. 지혜로운 질문은 나를 바꾸고 삶을 바꿀 수 있는 힘이 있다. 나에게 세 가지 질문을 잘 던지고 진심으로 대답한다면 진짜 내 모습, 진심으로 내가 바라는 것, 그것을 이룰 수 있는 방법을 즐겁게 찾아갈 수 있다.

=== Detail Tip ===

나를 바꾸는 세 가지 질문

• **열린 질문** : "진짜 원하는 게 무엇이지?" "어떻게 하면 자신감이 생길까?"

• **확장질문** : "혹시 또 다른 방법이 있을까?" "만약 아무런 제약이 없다면 뭘 하고 싶어?

• **관점 전환 질문** : "10년 후의 나는 지금의 나에게 뭐라고 말해줄까?" "삶을 마감할 때 어떤 삶을 살았다고 말하고 싶어?"

자신만의 질문을 많이 만들수록 더 멋진 답을 많이 찾아낼 수 있다. 예시에 제한받지 말고 나를 위한 수십 가지의 질문을 만들고 답변해보자.

06

___

주변의 말에 흔들리지 않고
스스로를 믿는 법

한 배우가 라디오 인터뷰에서 연기력을 묻는 질문에 대답했던 말이 인상 깊었다.

"학교에서 연기를 배울 때 내성적인 성격 때문에 걱정이 많이 됐어요. 쟁쟁한 선후배들을 절대 따라갈 수 없을 것 같았고요. 그런데 내성적인 성격이 오히려 도움이 된 것 같아요. 실제로 배우 중에는 내성적인 성향을 가진 사람이 많고, 배우의 덕목으로 꼽히기도 합니다. 내성적인 사람은 내면의 목소리를 들을 기회가 더 많거든요."

배우들이 자신의 감정을 섬세하고 과감하게 표현하기 위해서는 내면의 목소리를 듣는 것이 무엇보다 중요하다는 이야기다. 잊을 수 없는 말이었다. 우리도 자기표현을 잘하기 위해서 내면의 목소리를 먼저 들어야 한다. 멋지게 자기를 표현하기 위해 필요한 것은 외향적인 성향이 아니라 먼저 나를 잘 아는 것, 진짜 나를 만나는 것이다.

실제로 내가 아는 한 동양화 작가는 정말 조용하고 차분한 성격이지만 자신의 생각을 명료하고 부드럽게 잘 이야기하며 다른 사람의 말이나 행동에 끌려가지 않는다. 작은 목소리로 차근차근 이야기하는 것에서도 그녀의 단단한 내공이 느껴진다. 아마도 수많은 작업을 통해 자신의 내면을 깊이 들여다보고 그것과 마주하며 진정한 자기를 알고 있는 사람의 내공이 아닐까. 예술가들에게 아우라가 느껴지는 이유 역시 그 때문 아닐까.

심리학에서 외향형, 내향형을 나누는 기준은 활발함이나 적극성이 아니라 '에너지가 흐르는 방향'이다. 외향적인 사람은 에너지를 밖에서 받는 경향이 있다. 사람들과의 만남에서 에너지를 얻고 외부 사람이나 활동에 주의를 집중한다. 반대로 내향적인 사람은 에너지를 내 안에서 받는 경향이 있다. 혼자만의 시간을 가지며 에너지를 얻고, 내부 세계의 생각이나 감정을 깊이 살피는 것을 선호한다.

내가 말하고 싶은 것은 성향의 좋고 그름이 아니다. 적극적이고 외향적인 사람만이 당당한 자기표현을 할 수 있는 것은 아니라는 것이다. 자기 내면의 목소리에 귀 기울이는 사람, 자기 자신을 잘 알고 있는 사람이 당당하게 자기표현을 할 수 있다는 것이다.

대부분 바쁜 일상에서 내면의 소리를 듣지 못하기 때문에 많은 것에 휘둘리며 눈치 보며 살고 있다. 종종 브레이크를 밟고 내 안의 외침을 듣지 않는다면, 세상이 원하는 대로 꼭두각시처럼 남의 인생을 살아야 할지도 모른다. 그래서 우리 삶에는 쉼이 필요하고 여행이 필요하다. 일상에서 벗어나서 오로지 '나'에게 집중할 수 있는 시간이기 때문이다. 이는 내면의 목소리를 듣기 위한 여행이다. 여행 후에 갑자기 큰 결심을 하고 퇴사를 하거나, 산티아고 순례 길을 걷고 나서 새로운 인생을 시작하거나, 안식의 시간을 갖고 나서 자신이 진짜 좋아하는 것을 찾는 경우가 많은 것도 여행에서 내 안의 목소리를 들었기 때문일 것이다.

나 역시도 10년 가까이 쉬지 않고 방송을 하다가 안식과 여행을 통해 새로운 길을 가기로 결단했다. 아나운서는 나의 대학시절부터 꿈이었고, 힘겹게 그 꿈을 이루어 행복하게 방송을 했다. 다른 친구들이 월요병에 시달릴 때 나는 월요일도 즐겁게 출근했다. 내가 좋아하는 방송을 할 수 있었기에 일은 전혀 스트레스가 아니었다. 하고 싶은 일을 직업으로 갖는다는 것은 큰 축복이라 생각하며 일했다.

하지만 언제부터인가 조금씩 답답함이 느껴졌다. 나는 늘 떠나고 싶을 때 떠나야 하는 사람이었고, 여행을 하며 대자연의 기운을 받아야 에너지가 충전되는 사람이었다. 그런데 아나운서라는 자리란 인정만큼이나 책임이 큰 자리여서, 여름휴가 일주일을 제외하고는 늘 같은 자리, 같은 시간을 한결같이 지켜야 했다. 아플 때도, 집에 큰일이 있을 때도(장례가 아닌 한), 사고가 나서 다리 깁스를 해도(뉴스 화면에서 보이지 않는 한), 시청자와의 약속을 지키기 위해 매일 생방송 그 자리를 지켜야 했다. 공휴일이나 명절도 예외가 아니었다. 방송국은 쉬는 날이 없다. 감기에 걸려 목소리가 걸걸해지면 직무유기로 죄인이라도 된 듯했다. 마음대로 아플 수도 없는 노릇이었다. 물론 그만큼 보람도 컸다. 하지만 아침 6시 생방송을 위해 꼭두새벽 기상을 몇 년 동안 지속하다 보니 건강에 이상이 왔다. 내 안에서 보내는 사인이었다. 나는 1년의 휴직을 하고 쉬며 짬짬이 여행을 떠났다.

여행을 통해 깨달은 것은, 역시 나는 '자유로운 영혼'이라는 것이었다. 자연의 숨결을 느끼며 방전되어 있던 나를 가득 충전했다. 떠나고 싶을 때 떠날 수 있는 자유가 나를 살아 숨 쉬게 했다. 그렇게 나를 채우고 나니 하고 싶은 일이 생겼다. 그동안 틈틈이 해왔던 커뮤니케이션 교육을 본격적으로 해보는 것이었다. 스피치 교육을 하면서 사람들이 변화되고 자신감을 찾아가는 모습에 큰 보람을 느껴왔다. '언젠가 정말 간절해지는 날이 오면 교육의 길로 가야지'라고 막연하게 생각했었는데 그 열정이 끓어 오르기 시작했다. 홀로 도전해볼 용기도 생겼다.

나만의 교육 프로그램을 만들어보고 실제로 교육도 해보았다. 자기 내면의 이야기를 꺼내 자신만의 콘텐츠를 만들고 멋지게 스피치로 완성하는 일, 그것은 생각보다 더 강력하게 사람들을 변화시켰고 자존감과 자신감을 회복시켰다. 그런데 진솔한 내면의 이야기를 다루는 작업을 하다 보니 많은 사람들이 지난 과거의 상처를 많이 꺼내기 시작했다. 때로는 집단 상담처럼 되어 자신의 상처를 이야기하며 울기도 하고 서로 공감하며 위로도 하는 것이 아닌가. 나는 그들의 상처를 좀 더 성숙하게 위로해주고 싶었다. 이 과정을 통해 진정한 치유를 주고 싶었다. 그래서 상담심리학을 공부하기로 했다.

이렇게 1년의 쉼을 통해 내 안에 있는 또 다른 내가 외치는 소리를 들었다. 나의 본래 성향을 존중해주고, 하고 싶은 일을 찾고, 그 일을 할 수 있는 용기를 얻었다. 그래서 나는 복직을 하고 1년 동안 방송을 마무리했다. 내가 그동안 가장 좋아했던 일을 이제 정리하는 시간이라 생각하고 '매일 마지막 방송인 것처럼' 즐기고 1년 후 퇴사를 했다. 내 안의 중심을 발견했기에 사표를 내는 일, 홀로 서는 일을 갈등하거나 두려워하지 않고 결단할 수 있었다. 퇴사를 말리는 동료와 상사, 방송 현직에 있어야 다른 일도 더 수월하게 풀릴 것이라 조언해주던 주변 사람들은 아마도 냉정한 나의 결정이 무모해 보였을 수도 있다. 그러나 내면의 목소리를 명확하게 들은 사람은 주변의 목소리에 흔들리지 않는다.

물론 나의 경우는 적절한 타이밍에 1년을 쉴 수 있는 행운이 있었다. 보통은 1년을 쉬거나 갑자기 여행을 떠나기 쉽지 않을 것이다. 하지만 꼭 긴 휴식을 갖거나 먼 곳으로 여행을 떠나야 하는 것은 아니다. 나도 이제는 육아를 해야 해서 여행을 떠나기도, 내 시간을 갖기도 쉽지 않다. 하지만 일주일에 두 시간 이상은 홀로 고요한 시간을 꼭 갖는다. 내 영혼의 목소리를 듣는 시간이다.

먼 휴양지가 아니어도 괜찮다. 공원산책도 좋고 내가 좋아하는 책을 한 권 사러 가도 좋다. 내 아지트 같은 카페도 좋고, 가보지 않았던 새로운 곳으로 드라이브를 가도 좋다. 고요하고 자연과 함께할 수 있는 곳이면 더욱 좋다. 일상에서 잠시 벗어나, 주변의 시선과 의무에서 벗어나, 오롯이 나에게만 집중할 수 있는 시간이라면 퇴근 후의 시간도, 주말도 훌륭한 나만의 여행으로 만들 수 있다.

그 과정에서 더 깊은 곳에서 말하고 있는 내 목소리에 귀를 기울여보자. '난 이럴 때 행복해' '내가 진짜 원하는 건 이거야' '난 이렇게 살고 싶어'라고 내 안에서 외치고 있는, 그동안 내가 외면해왔던 나의 목소리가 들려올 것이다. 내가 행복할 수 있는 길, 내가 당당하게 살 수 있는 길, 내가 나다워질 수 있는 길의 답은 오직 '내 안에' 있다. 내가 귀 기울이는 만큼 내면의 목소리는 나에게 말을 걸어올 것이다.

참된 삶을 살고자 하는 사람이라면

내면세계를 바라보며

끊임없이 깊은 성찰의 시간을 가져야 한다.

- 키케로

=== Detail Tip ===

자기표현을 위한 첫걸음은 내면의 목소리를 듣는 것이다. 스스로를 잘 알고 있는 사람이 나를 잘 표현할 수 있다. 조용히 내면의 목소리를 들을 수 있는 시간을 구별해두자. 진짜 나를 만나는 행복한 여행이 될 것이다.

관계에서 눈치는 필요하지만,
지나치게 눈치를 보면
진짜 나를 잊어버릴 수 있습니다.

만일, 아무 눈치를 보지 않아도 된다면
나는 어떻게 살고 싶나요?

내 안에 있는 진짜 내가 원하는 모습은
어떤 모습일까요?

• 진정한 나를 더 깊이 알고 싶다면, 256페이지 '나에게 필요한 Q&A'에 답하며 내면의 목소리에 귀 기울여보자.

섬세하고
영리하게

대화를
리드하는 법

"불편한 사람과의 대화 때문에 힘든 당신에게"

intro.

자기표현에 대한
불편한 시선

대학생 때 나는 꽤 의사표현을 하는 편이었다. 아나운서가 되기로 결심한 이후에 모든 발표를 나서서 하고 사람들 앞에 나서다 보니 어느덧 용기가 생겼기 때문이다. 수업시간에도 의문이 들면 교수님께 질문을 하고, 토론대회에도 자주 참가하며 또박또박 의견을 이야기하고 사람들을 설득하는 것에 희열을 느끼던, 열정 넘치는 대학생이었다. 그때는 그랬다. 의사표현을 분명히 하고, 공부한 것을 이야기하고, 앞에서 발표도 자주 하면, 교수님들이 예뻐해주셨다. 아주 잘하고 있는 줄 알았다.

그런 나의 싹을 싹둑 잘라버린 사람이 있었으니, 첫 방송국에서 만난 피디였다. 녹음기를 들고 취재 리포터로 처음으로 혼자 나가게 되어 많은 준비가 필요하던 참이었다. 그 프로그램을 했던 선배의 방송을 모니터하고, 현장의 담당자와 통화해서 행사의 내용과 취지와 참가자 등에 대해 듣고, 구성안도 짜보았다. 이전까지는 선배와 함께 가다가 혼자 가게 되었으니 팀장인 피디가 나를 불러 여러 가지 준비 사항을 지시했다.

"선배들이 하던 코너 있으니까 방송 모니터 잘하고, 원고도 찾아보고, 담당자하고 통화도 꼭 하고."
"네. 피디님, 방송 모니터도 했고, 원고도 살펴봤습니다. 담당자와 아까 통화해서 자세한 이야기 나누고 구성안도 짜 보았습니다."

열심히 준비했다고 사실을 전했을 뿐이었다. 그런데 피디는 갑자기 온 사무실이 떠나가도록 고함을 지르며 말했다.
"니가 그렇게 잘났어? 잘났으면 얼마나 잘났다고 어디다 또박또박 말대꾸야?! 처음 들어왔으면 열심히 준비나 할 것이지. 그렇게 잘났으면 어디 혼자 다해 봐!"

너무 큰 소리로 호되게 혼이 나서, 수십 명이 함께하는 그 뻥 뚫린 사무실에서 얼굴이 뜨거워졌다. '아 이곳은 학교와 다르구나. 직장에서 내 생각을 곧이곧대로 이야기했다가는 칭찬은커녕 이 망신을 당하는구나. 잔말 말고 가만히 있자.' 사회생활 초기에 나의 싹을 싹둑 잘라준 그 피디 덕분(?)에 나는 어딜 가든 적당히 나를 누르며 무난하게 사회생활을 할 수 있었다.

그 피디처럼 그 정도로 무례한 상사는 많지 않(길 바라)지만 그런 시선은 아직도 존재한다. 그래서 직장 내에서 자기 생각을 솔직하게 이야기하는 사람은 거의 없다. 나처럼 크게 한 방을 당하진 않았더라도 대부분 의사표현을 했다가 좌절되거나 본전도 못 찾는 경험을 했기 때문이다. '그냥 조용히 사는 게 나를 위한 길이다'라고 생각하게 되는 것이다. 나 역시 그렇게 오랫동안 사회생활을 해왔다.

사회생활, 특히 직장생활을 하며 스트레스를 받는 것은 아마도 그런 이유 때문일 것이다. 나의 생각, 나의 감정을 누르며 내가 아닌 다른 사람의 모습으로 그 긴 하루를 버텨야 하기 때문이다. 나로 살지 못하면서 자유와 행복을 느끼기는 불가능하다.

그래서 적절하게 표현하는 법을 익혀야 한다. 그렇다고 갑자기 투사가 되어 용감하게 총칼을 빼들었다가는 다시 취업준비를 해야 할지도 모른다. 총과 칼 대신, 강력한 무기인 멘탈과 언어로 대응해야 한다. 지혜롭게, 부드럽게 대처할 수 있어야 아침부터 저녁까지 그 긴 시간을 보내는 일터에서 나를 억압하지 않고 나답게, 자연스럽게 지낼 수 있다.

이번 장에서는 나를 불편하게 하는 사람들과 어떻게 대화해야 하는지를 다룰 것이다. 무례한 상사에게 어떻게 대처해야 하는지, 내가 사람들을 어디까지 맞추어줘야 하는지, 거절이 어려운 내게 필요한 것은 무엇인지, 어떻게 부드럽게 거절할 수 있을지, 나를 함부로 대하지 않도록 어떻게 적정한 거리를 유지할 수 있을지 살펴볼 것이다.

커뮤니케이션 노하우뿐만 아니라, 진짜 내가 표현하기 원하는 것은 무엇이고, 나다운 것은 무엇인지 생각하면서 '진짜 나의 모습'을 찾아가기를 바란다. 기술만 익히면 쉽게 잊어버리지만, 진짜 내 모습을 찾으면 나다운 커뮤니케이션이 훨씬 더 쉬워진다.

자신에게 맞는 건강한 경계를 정해 놓지 않으면

사람들은 당신의 욕구를 무시하게 된다.

- 오프라 윈프리

01

불편한 상사에게
영리하게 대응하는 법

"회사 생활, 행복한가요?"

선뜻 그렇다고 대답할 사람이 많지 않을 것이다. 만일 "네"라고 대답했다면 이 글은 읽지 않고 넘어가도 좋다.

"만일 행복하지 않다면, 왜인가요?"

이 질문에 혹시 떠오르는 사람이 있지 않은가.

단어가 좀 그렇지만, '또라이 질량보존의 법칙'이라는 것이 있다. 블로그와 소셜 미디어에 재미로 많이 돌았던 말이다. 내용은 이렇다. 회사에 다니다 보면 언제 어디서나 일정 수의 '또라이'가 존재한다는 법칙이다. 상사가 또라이다, 그래서 팀을 옮기면 그 팀에도 또 또라이가 있다. 조금 덜 또라이다 싶으면 대신 그런 사람이 여러 명 있다. 회사를 옮기면 거기에도 똑같은 사람이 있다. 예외는 없다. 만약 '우리 회사에는 또라이가 없는데?'라고 생각된다면, 본인이 바로 그 또라이라는 것이었다. 이 우스갯소리에 엄청 공감하며 피곤한 직장생활의 위로 아닌 위로를 받은 적이 있다.

나 역시 상사 때문에 힘든 시간을 많이 보냈었다. 앞에서 숨 쉬기도 힘들었던 무서운 상사, 제멋대로 군림하는 독불장군 상사, 후배들에게 책임을 떠넘기는 무능한 상사 등 여러 상사를 거치며 그때마다 스트레스에 시달려야 했다. 상사 때문에 퇴사한 것은 아니었지만, 회사를 그만두자 갑자기 미워할 사람이 없어지고 스트레스 받을 일이 없어져 내가 회사에서 얼마나 힘들었는지 깨달았다.

인터넷 카페나 게시판에서 '부장님 때문에 회사 그만두고 싶어요'라며 상사의 만행에 대해 누군가 하소연하는 글을 보면, 수많은 댓글 내용이 거의 비슷하다. '우리 회사 직원이 쓴 줄 알았어요!' '거기 회사 이름 뭐예요? 아무래도 우리 회사 부장님 이야기 같아요!' 등등. 자기 상사와 똑같다는 이야기, 나도 같은 고통을 겪고 있다는 이야기가 수백 건이다. 공감이 가서 피식 웃다가도 참 씁쓸하고 안타깝게 느껴졌다. '회사 그만두고 싶다'라고 생각할 만큼 상사의 만행을 참고 있는 사람이 이렇게 많은데, '부하'이기 때문에 상사 앞에서 한 마디도 못하는 것이 현실이기 때문이다.

늘 이렇게 참아야만 할까. 일과의 대부분의 시간을 보내는 직장에서 늘 그렇게 스트레스를 받고 지낸다면 얼마나 불행한 삶인가. 나의 행복을 (또라이) 상사에게 내어주지 말자. 무시와 불합리함, 무리한 업무를 당연한 듯 받아들이면 안 된다. 내가 내 직장에서 보내는 시간을 스스로 행복하게 만들기 위해 똑똑한 전략이 필요하다. 먼저 상사의 유형을 파악하고, 그 유형별로 어떻게 대화할지 전략을 확실하게 세워야 한다.

나의 행복을 방해하는 나쁜 상사들의 유형

① 독불장군형 상사 : '내 말이 곧 법이다'라고 생각하며 행동하는 유형

내 맘대로 군림하려 한다. 함부로 말하고 명령한다. 지시

대로 하지 않았을 때 불같이 화를 낸다. 사람들 앞에서 큰 소리로 면박을 주기도 한다. 권력을 과시하려는 욕구 때문이다. 이러한 유형은 자신이 상사로서 특별대우를 받길 원한다.

② **책임회피형 상사** : 불리한 일에 책임지지 않고 부하에게 책임을 전가하는 유형

자신이 피해 입지 않기 위해 늘 방어적 태도를 보인다. 우유부단하거나 무능한 경우가 많고 '네가 알아서 결정해'라며 최종 결정을 부하에게 떠넘긴다. 일이 잘못되면 '네가 잘못해서 이렇게 됐잖아'라며 비난하기도 한다. 리더로서의 자질이 부족하다.

③ **자화자찬형 상사** : 자기 자랑과 설교를 늘어놓는 유형

"내가 입사했을 때는" "우리 때는" 하며 걸핏하면 무용담을 꺼낸다. "나 때는 주말도 없이 일했어. 근데 요즘 친구들은…"라고 말하며 부하직원의 태도에 대해서 설교나 훈계를 한다. 말이 많고 눈치가 없다.

④ **만사간섭형 상사** : 시시콜콜 간섭하고 지적하는 유형

　다른 사람을 신뢰하지 못한다. 모두 자신의 손을 거쳐 가고 자신이 결정하기를 바란다. 업무에서 중요하지 않은 소소한 것도 지적한다. "페이스북 보니까 주말에 여행 다녀왔더라?"라며 사생활 간섭도 서슴지 않는다.

　이런 상사 유형이 새롭거나 놀랍지 않을 것이다. 이 유형이 여러 개 섞여 있거나 심지어 다 가진 사람도 있다. 중요한 것은 이런 상사 때문에 계속 스트레스를 받거나 동료들과 푸념만 할 것이 아니라 유형별 대응책을 세워야 한다는 것이다.

　좋은 방법은 '먼저 욕구를 채워주는 것'이다. 그 다음 내가 원하는 것을 설득하는 것이다. 그들의 타고난 성향이 본래 나쁜 것은 아니다. '독불장군형'은 자신감과 강한 신념이 장점으로 발휘될 수 있다. '책임회피형'은 심사숙고나 조심성이 강점이 될 수 있다. '자화자찬형'은 높은 자존감으로 건강한 리더십을 발휘할 수도 있고, '만사간섭형'은 꼼꼼함이나 섬세한 배려가 큰 장점이 될 수 있다. 그러나

이들의 성향이 이렇게 부정적인 모습으로 드러나는 것은 이들의 욕구가 채워지지 않아 스트레스 상태에 놓여 있기 때문이다. 그래서 각 유형이 원하는 욕구를 먼저 채워준 후 내가 원하는 대화를 시도하면 좀 더 생산적인 결과를 끌어 낼 수 있다.

상사유형별 커뮤니케이션 전략

① **독불장군형 상사**: 자기 말이 무조건 옳다고 생각하는 독불장군형 상사에게 "제가 조사해보니 그건 아니었고, 오히려 이 방식이"라고 시작한다면 그 후에 어떤 결과를 내놓든 강하게 거절당하기 쉽다. 내 방식을 제안하더라도 상사의 말이 옳다고 먼저 인정해줄 필요가 있다.

"부장님 지시대로 한 게 역시 큰 효과가 있었습니다. 세부적으로 우리 상황에 맞게 좀 수정하고 보완해봤는데요, 혹시 더 필요한 부분이 있을까요?"

② **책임회피형 상사**: 책임을 회피하려는 정도가 심하면 일종

의 압박도 필요하다. 이 상사가 나에게 무리한 것들을 자꾸 떠넘기려 한다면, 부하직원인 내가 잘못했을 경우에 상사에게도 곤란한 상황이 될 수 있음을 강조하는 것이 도움이 될 수 있다.

"중요한 일인데 만약 제가 기한 내에 다 못하거나 급하게 하다가 실수하면, 고객사에서 클레임이 들어올 수도 있을 것 같아서요. 혹시 이 프로젝트 경험이 있는 분과 함께하거나, 기한을 다음 달까지로 연장해주실 수 있을까요?"

③ 자화자찬형 상사 : 이들이 가장 원하는 것은 '인정'이다. 처음부터 이의를 제기하거나 일을 못하겠다고 하는 것보다, 그의 능력을 인정해주고 치켜세워준 후 나는 아직 그만큼의 역량이 안 돼 어려울 것 같다며 무리한 업무를 조절해보거나 도움을 청할 수 있다.

"역시, 차장님의 기발한 아이디어에 다들 깜짝 놀랐습니다! 그런데 막상 제가 구체화하려니 역량이 부족하네요. 혹시 세부적으로 어떤 것들을 접목하면 좋을까요?

④ **만사간섭형 상사**: '간섭하고 결정하려는 욕구'를 먼저 채워주어야 한다. 결정권을 주지 않고 내 판단 하에 업무를 진행했다면 그 상사는 기분이 상해 더 심하게 사사건건 간섭하고 지적할 것이다. 결과적으로는 나의 방식대로 유도하더라도 상사가 결정하고 선택하는 것처럼 느끼게 하는 요령이 필요하다.

"계약 진행하기 전에 팀장님의 의견을 좀 구하고 싶어서요. 1안은 이런 장단점이, 2안은 이런 장단점이 있습니다. 어떻게 하는 게 더 좋을까요?"

의사소통의 내용은 단순한 정보를 넘어 그들의 '관계'를 나타낸다. 예를 들어서 상사가 "사무실이 왜 이렇게 더워?"라고 했다면 그건 단순히 "좀 더 시원했으면 좋겠다"는 정보 외에, '부하직원이 창문을 열거나 에어컨을 켰으면' 하는 의미도 담겨 있다. 말 속에 상사와 부하직원의 관계가 드러나는 것이다.

그래서 말과 관계는 따로 갈 수 없다. 관계에서는 늘 질질 끌려가면서 말로만 내 의사표현을 명확하게 할 수 없는 것이다. '내가 이 상사와 어떤 관계를 가질 것인가'에 대한 명확한 기준을 먼저 세워야 한다. 그래야 구체적인 커뮤니케이션 전략도 세울 수 있다.

　원만한 직장생활을 위해 예스맨이 되어야 할 필요도 있다. 하지만 무례한 상사에게 무엇이든 맞춰주면, 상사는 점점 더 무리한 요구를 할 것이다. 자신의 능력을 보여주고 싶거나 인정받고 싶어서, 혹은 거절하지 못해서 예스맨이 될 수도 있지만, 그것이 쌓이고 쌓이면 나를 만만한 부하로 보게 될 것이다. 상사에게 휘둘리며 내 삶의 행복까지 방해받지 않길 원한다면 너무 고분고분한 사람이 되어서는 안 된다.

　『나쁜 상사 처방전』의 저자 가타다 다마미는 '약간 귀찮은 부하직원'이 되라고 말한다. 상사가 '이 녀석은 내가 말하는 것을 잠자코 듣지만은 않는군' 하는 인상을 주는 것이 부하직원 입장에서는 일도 쉬워지고 스트레스도 줄어든다는 것이다.

　나는 어떤 부하직원인가. 앞으로는 어떤 관계를 만들고 싶은가. 좋은 관계를 가지면 좋겠지만 그것을 핑계로 만만

한 부하직원은 되지 말자. 직장에서 내가 원하는 관계 기준
을 먼저 세우고 현명한 대화법을 익히면 좀 더 즐거운 회사
생활이 될 것이다.

=== Detail Tip ===

상사의 유형을 알고 그들의 욕구를 파악하면 그들을 대응할 수 있는 전
략이 보인다. 조금 낯간지러워도 상사의 욕구를 채울 수 있는 말을 먼저
하면 나의 욕구도 채울 수 있는 가능성이 높아진다. 비굴한 부하가 되거
나, 반항하는 부하가 될 필요는 없다. Give and Take. 원하는 것을 주고 원
하는 것을 받는 똑똑한 대화를 하자.

02

굳이 맞춰주지 않아도
괜찮아

아나운서로 일하면서 직업병으로 생긴 것 중 하나가 모든 사람의 말에 맞장구쳐주고 공감해주는 것이다. 방송에서 진행자가 공감하고 맞춰주는 것이 워낙 중요한 역할이다 보니 일상에서도 습관이 된 것이다. 내 생각은 따로 있는데 '맞아요, 맞아요'라고 격하게 맞장구를 쳐주면 점점 공허해진다. 그리고 그렇게 몇 년을 살다 보면 내 이야기는 하지 않고 늘 맞장구와 추임새만 넣어주는 사람이 된다.

나뿐만 아니라 주변에 아나운서들이 이런 특성을 많이 가지고 있다. 심지어 소개팅에서 상대가 전혀 마음에 들지 않는데 잘 들어주고 맞장구쳐주다 보니, 상대는 자신을 마음에 들어 한다고 여겨 골치 아프다는 이야기도 많이 들었다. 회사의 임원과 아나운서 팀이 식사를 하는 경우, 많은 선남선녀들이 경청하며 흥겹게 맞춰주니 높으신 이께서 신이 나서, 식사 후에도 커피를 마시며 무용담을 두 시간씩 늘어놓는 일이 종종 있었다. 일종의 감정 노동자들이 겪는 폐해이다.

이런 이야기를 주변 사람들에게 하면 "아나운서가 자기 표현을 못한다고? 왜? 말도 안 돼!"라는 반응을 보였다. 아나운서는 당당하게 자기 생각을 이야기하는 자신감 넘치는 사람으로 보인다는 것이다. 자신감이 있는 건 맞지만, 일종의 착한아이 콤플렉스랄까, 상대의 마음을 재빨리 파악해 배려하는 서비스 마인드랄까, 그런 것이 좀 지나쳐 (내가 보기에는) 병이 된 것이다. 더욱이 방송에서 진행자는 중재하고 조율하는 사람이지, 자신의 목소리를 높이는 사람이 아니기 때문이다.

이제는 전달자나 중재자가 아닌 내 목소리를 내는 사람이 되고 싶다는 생각이 아나운서 자리를 내려놓는 것에 큰 몫을 했다. 이제 내가 하고 싶은 일을 직접 하고, 말하고 싶은 것을 말하고, 있는 그대로의 나를 존중해주려 하고 있다. 남들을 너무 의식하지 않으려 노력한다. No 하는 연습도 해보고, 상대의 말을 끊고 내 생각을 말하는 훈련도 해본다.

한번은 타사에서 방송하고 있는 후배를 몇 년 만에 만났다. 30대 초반의 아름다운 그녀. 방송은 재미있지만 주변 사람들과의 관계에서 많은 스트레스를 받고 있다고 했다. 프리랜서로 일하다 보니 주변의 평가, 시선, 대인 관계 등이 더 많이 신경 쓰이는 것 같았다. 그 후배가 주변의 말과 시선을 의식하는 것, 누구에게나 착한 사람이 되려는 것, 그리고 나와의 대화에서도 전폭적으로 맞춰주고 있는 것을 보니, 몇 년 전의 내 모습을 보는 것 같아 동병상련의 마음이 들었다. 내가 어떤 말을 해도 "아 맞아요, 정말 그래요!" 그와 다른 의견을 이야기해도 "저도 그렇게 생각해요. 선배 정말 멋져요"라 말하며 나의 말이 끝나기도 전에 맞장구와 공감을 해주려는 습관적인 태도, 꼭 얼마 전 나의 모습과 같다. 마치 거울을 보고 있는 것 같아 더 안쓰러웠다.

"제가 자꾸 메인 앵커에 욕심내는 줄 알고 주변에서 말이 너무 많은 거예요. 그래서 제가 그것 때문에 일부러 프로그램 제안을 거절하기도 했어요. 그랬더니 이제는 그런 오해가 좀 풀린 것 같아요."

그녀의 말에 나는 이렇게 말했다.

"주변에서 욕심내는 걸로 오해하면 어때? 그리고 진짜로 욕심 좀 내면 어때? 한창 방송하고 성장할 시기인데."

아마 그건 과거의 나에게 해주고 싶은 말이었을 것이다. 맘대로 하는 오해를 왜 내가 풀어줘야 하지? 그들의 숙덕거림에 왜 내가 해명해야 하지? 사실 나는 욕심 없고 착한 사람이라고 왜 내가 증명해야 하지? 눈부시게 아름다운 그녀의 모습 이면에 너무도 여린 내면이 보여 안타까웠다. 차라리 그 에너지를, 나의 마음을 풀어주고 건강하게 만드는 데 쓰면 어떨까?

다 가질 수는 없는 법이다. 남들 비위 다 맞춰주면서 나의 마음까지 챙기기는 어렵다. 남들을 위해 에너지를 소진하면서 나를 위한 에너지도 남기기는 힘들다. 숙덕거림에 일일이 신경 쓰면서 자존감을 높이기는 쉽지 않다. 하나를 택해야 한다면 무엇을 선택해야 할까. 남들의 비위와 나의 마음, 오해를 풀기 위한 에너지와 나를 사랑하는 에너지.

어떤 것을 골라야 건강하고 행복해질까.

지나갈 것은 지나가게 두자. 다 맞춰주지 않아도 괜찮다. 그보다 훨씬 더 중요한 게 무엇인지를 당신은 알고 있다.

당신 자체이기 때문에 미움을 받는 것이,
당신이 아닌 것이 당신인 척하여
사랑받는 것보다 낫다.

- 앙드레 지드

=== Detail Tip ===

상대에게 무조건 맞춰주는 커뮤니케이션은 그 누구를 위해서도 좋은 소통이 아니다. 상대에게 맞춰주기만 하면 대화가 피곤하고 공허하다. 진실한 내 마음을 표현하자. 그리고 오해와 구설수는 적당히 무시하자. 내가 중심을 굳게 잡아야 관계도 소통도 건강해진다.

03

거절하는데
왜 죄책감을 느껴야 할까?

나는 항상 긍정적인 답변을 주어야 한다는 강박관념을 가지고 있었다. 그러다 보니 거절해야 할 때 마음이 너무 불편했다. 어떻게 말해야 상대가 기분 나쁘지 않게 받아들일지 고민하고 또 고민하며 조심스럽게 이야기했다. 죄송하다고, 미안하다고 늘 덧붙였다.

전에는 바쁘게 일하며 나를 필요로 하는 곳이 많은 것에 감사와 보람을 느꼈지만 육아를 시작한 후로는 여러 가지 기회비용을 따지게 된다. 내가 이 일을 함으로써 새벽같이 달려와야 하는 친정엄마의 희생, 남편의 이른 퇴근과 서포트, 예쁜 아기와 함께 있지 못하는 나의 아쉬움, 옆에 있어주지 못하는 미안함. 그래서 일을 많이 안 해야지 하면서도 거절하지 못해 하나둘 받다 보니, 아기를 낳고 3개월 무렵에 거의 매일 일을 나가야 하는 상황이 되었다. 두세 달 동안 그 바쁜 시기를 전혀 행복하지 않게 보내고 나서야 진지하게 나를 돌아보았다. 왜? 나는 왜 이 어린 아기를 두고 일하러 갔을까. 행복하지도 않으면서 왜 그렇게 바쁜 하루하루를 보냈을까. 결국, 나는 왜 거절하지 않았을까. 왜 거절하지 못했을까.

'내 시간의 주인이 되고 싶은 마음'이 내가 퇴사한 이유 중 하나였지만, 정작 No를 못하다 보니 오히려 직장에 다닐 때보다 더 휘둘리게 되었다. 내 인생의 주인이 되려면 반드시 No를 할 수 있어야 한다.

라이프 코칭을 받을 때, 나는 코칭 주제로 '거절하기'를 꺼냈다. 내가 "죄책감을 느끼지 않고 No라고 말하고 싶어요"라고 이야기했더니, 코치가 눈을 동그랗게 뜨고 천천히 말했다.

"No라고 말하는 것과 죄책감이 무슨 상관이 있어요?"

정말 천진난만하게 나에게 질문을 하는 순간, 나는 뒤통수를 한 대 맞은 느낌이었다. 그러게… 나는 왜 '죄책감'을 느꼈을까? 왜 '아쉬움', '미안함'도 아닌 '죄책감'이라는 걸 느꼈을까. 나는 이렇게 말했다. "그래도 거절하면, 미안한 마음은 들지 않나요?" 그랬더니 코치가 "왜요?"라고 묻는다. 나는 더더욱 할 말이 없어진다. 코치가 말했다.

"그러면, 거절한 후에 한 번 그 사람들에게 물어보세요. 제가 거절해서 많이 속상하냐고. 아마 미정 씨가 생각하는 것만큼 그렇지는 않을 거예요."

실제로 물어보지는 않았지만 충분히 수긍이 되었다. 상대는 여러 가지 가능성을 염두에 두고 나에게 물어보는 것이고, 그중 답이 Yes이든 No이든 그것은 나올 수 있는 답변 중 하나이다. 그중에 내가 No를 골랐다고 해서 어마어마한 죄인 노릇을 할 필요는 없는 것이다.

그 사실을 알고 나서 나는 마음이 놀랍게 가벼워졌다. 강의 의뢰가 오거나 누군가 나에게 일을 요청했을 때 이제 나는 바로 답하지 않고 "가능한지 확인한 후에 연락드리겠습니다"라고 한다. 그리고 먼저 이 질문을 내게 던진다. '나는 이 일을 정말 하고 싶은가?' '이걸 하면 행복할까?' 이에 하고 싶고 행복할 것이라는 생각이 들면 흔쾌히 수락하고, 그렇지 않다면 용기 내어 거절한다. 물론 사람이 늘 하고 싶은 일만 하며 살 수 없고, 그러다 보면 수입이 줄기도 하지만(실제로 많이 줄었지만), 이건 내 인생의 진정한 주인이 되기 위한, 나의 작지만 소중한 날갯짓이다.

그리고 거절 답변을 보낼 때도 전처럼 "에구 정말 죄송합니다(ㅠㅠ) 그날 다른 일정이 있어서 어렵겠습니다. 다음에 꼭 함께하겠습니다. 또 연락주세요!"라고 애처롭게 말하지 않는다. '죄송하다'라는 말은 빼기로 했다. 눈물의 이모티콘도 빼기로 했다. 이렇게 말하는 게 더 부드러운가, 저렇게 말해야 다음에 또 찾아줄까, 글자를 썼다 지웠다 망설이는 것도 최대한 줄이기로 했다.

"아쉽게도 그날은 어렵겠습니다. 연락 주셔서 정말 감사합니다!"

상대방이 보기에 아무 차이 없을 수 있겠지만 나에게는 큰 차이다. '거절'을 하나의 답변으로 생각하기. 그로 인해 미안해하지 않기. 이 소심해 보이는 작은 실천으로 나는 조금씩 더 행복해지고, 조금씩 더 자유로워지고 있다.

거절하는 것에 대한 두려움은 나의 낮은 자존감에서 오는 것일 수도 있다. 거절을 함으로써 내가 다음에 거절당할 것에 대한 두려움, 흔쾌히 Yes를 외치는 모습을 보여주고 싶은 마음, 내가 인정받고 싶은 마음에서 비롯된 것일 수 있다. 하지만 나를 속일 만큼 다른 사람의 시선이 그렇게 중요할까.

No라고 말한다고 해서 내가 생각하는 것만큼 상대가 상처받지 않는다. 상대가 받을 상처보다는, 오히려 거절 못해 불행한 나의 마음을 돌보는 것이 어떨까. No라고 말하지 못하면 결코 내 인생의 주인이 될 수 없다.

죄책감 없이 거절할 수 있게 된다면,
인생을 확실히 자신의 것으로 만들 수 있다.

- 앤드류 매튜스

용기 내어 거절하기 위한 첫 번째 관문은 '거절에 대한 인식을 바꾸는 것'
이다.

죄책감을 갖지 말자. 너무 미안해하지도 말자. 거절은 내가 할 수 있는 여
러 답변 중 하나이고, 상대도 그걸 알고 있다는 사실을 잊지 말자.

04

자연스럽게,
밉지 않게 거절하는 세 가지 방법

　나답게 살기 위해서는 거절이 필수다. 다른 사람들이 원하는 대로 다해주며 살다가는, 내가 원하는 삶을 살아낼 시간이 주어지지 않기 때문이다. 삶에서 불필요한 것들, 나답지 않은 것들, 내가 원하지 않는 것들을 잘라내야만 나답게 살 수 있다.

　앞에서 이야기했듯 일단 거절이 그리 미안할 일이 아니며 나의 권리라는 것을 인지하는 것이 중요하다. 하지만 아무리 그렇게 마음을 단단히 먹어도 싫다는 소리를 쉽게 하기는 어렵다. 또 좋은 관계를 유지하기 위해서 어떻게든 부드럽게 거절하고 싶은 게 대부분 사람의 욕심이다. 그래서 많은 사람들이 거절에 대해 고민한다.

〈밥블레스유〉라는 예능 프로그램에서 소위 '센 언니들'의 거절에 대한 고민이 인상 깊었다. 출연진은 김숙, 최화정, 이영자, 송은이, 장도연이었다. 싫은 소리를 못해서 면접에 실패했다는 20대 취준생의 사연을 소개했다. 면접 메이크업을 받으러 갔는데 너무 과해서 혼주 메이크업이 됐다고 했다. 그런데 싫은 소리를 못해서 수정해달라고 말도 하지 못하고 그대로 면접을 봤다 망쳤다는 사연이었다.

사연을 소개하고 나서 5명의 여인들은 모두들 거절이란 게 쉽지 않다며 이구동성으로 공감했다. 최화정은 "이렇게 나 같은 사람은 또박또박 거절 잘할 것 같잖아. 근데 그런 말을 하기는 나도 너무 힘들어"라고 했고, 이영자는 싫은 말을 정말 못해서 참고 참다가 나중에 화를 내버리는 편이라고 했다.

장도연도 싫은 소리를 못한다며 일화를 이야기했다. 신인 시절에 청담동 미용실에 갔는데 '코미디언이고 첫 시작이니 꼭 튀어야 한다'며 머리를 파인애플 같이 해주었다는 것이다. 그리고 눈 화장도 입자가 너무 굵은 반짝이를 써서 눈을 뜰 수가 없을 정도였다고 한다. 부담스러운데 말도 하지 못하고, 방송국까지 가는 지하철에서 다들 쳐다봐서 너무 창피했다는 이야기였다.

출연진들이 '김숙은 어려운 이야기를 기분 나쁘지 않게 잘한다'며 그녀에게 조언을 구했다. 미용실에서 드라이를 너무 뜨겁게 해서 귀가 델 것 같다면 뭐라고 할 거냐고 묻자 그녀는 "야 탄다, 탄다. 고기 탄다"라고 위트 있는 이야기를 해 다른 출연진들의 감탄을 자아냈다. 나도 분장실에서 고데기가 뜨거운데도 참다가 화상을 입거나 "앗 뜨거워!"라고 해서 상대가 엄청 미안해한 경험이 있다. 그런데 '고기가 탄다'라니. 그녀의 솔직하면서도 배려하는 표현이 참 인상적이었다.

거절도 연습이 필요하다. 막연한 결단만으로 할 수 있는 것이 아니다. 시행착오가 있어야 한다. 싫은 소리에 대한 마음의 근육을 키우고, 더 센스 있게 할 수 있는 스킬도 익혀야 한다. 제이슨 콤리의 '거절 테라피'라는 것이 있다. 아내에게 버림받고 우울에 시달리던 제이슨 콤리가 은둔생활을 하며 오랜 시간을 보내고 있었다. 그러던 어느 날 자신이 두려워하고 있는 것은 누군가의 '거절'이라는 것을 깨닫게 된다. 거절에 대한 두려움을 극복해야겠다고 결심하고 '하루에 한 번씩 거절당하기'를 시도한다. 무리한 부탁을 해서 일부러 거절을 당하고 그것을 오히려 미션 성공으로 여겼다. 그렇게 그는 거절의 두려움을 극복했고, 그의 거절 테라피를 통해 세계 많은 사람들이 용기를 얻었다.

이렇게 거절당하는 것에도 숱한 연습이 필요하듯, 거절을 하는 것도 연습이 필요하다. 하지만 너무 매몰찬 사람이 되지 않도록 주의도 필요하다. 여러 가지 방법을 시도하며 부드럽고 센스 있게, 나다운 거절방법을 찾아보는 것이다. 김숙처럼 거절해도 밉지 않게, 자연스럽게.

다음 세 가지를 연습해보자.

밉지 않게 거절하는 방법 세 가지

① 겸손의 거절

상대의 기분이 상하지 않도록 자신을 조금 낮춘다. 앞선 김숙의 예처럼 참지 않고 말하지만 자신을 조금 낮추면서 위트를 더하는 것이다.

"제가 잘 때 예민한 편이어서 다른 사람들과 방을 함께 쓰지 못할 것 같아요" "저도 도와드리고 싶은데 이 일은 제가 아직 서툴러서, 전문가인 ○○에게 부탁하는 게 좋을 것 같아요" "제가 섣불리 했다가 괜히 실패할까 봐 걱정이 돼요"라고 자신의 부족함을 함께 이야기하면서 거절하면 상대가 덜 서운할 수 있다. 그런데 누가 봐도 자신이 전문가인데 실력이 없어 못 도와준다고 하면 핑계처럼 들린다. 거절할 때도 진정성이 필요하다. 거절을 위해 거짓말을 쉽게 하지는 않기로 하자.

② 조건부 거절

"안 돼"라고 하고 끝나는 것이 아니라, "오늘은 몸이 안 좋아서 만나기 어려울 것 같아. 주말에는 시간이 어때?"라고 내가 다른 것을 제안하는 것이다. 그렇게 하면 나도 마음은 굴뚝같은데 지금은 어쩔 수 없다는 것을 상대가 느낀다. 이는 거절을 위한 거절이 아님을 상대에게 알려주는 좋은 방법이다. "한 달까지는 안 되고, 이 주 정도는 빌려줄 수 있어!" "기획서 작성까지는 어렵지만 내가 기획회의에서 큰 틀은 같이 잡아줄게"라고 하면 상대도 덜 서운하고 나도 내가 가능한 범위 안에서 해줄 수 있어 마음이 한결 가볍다. 하지만 조건부 거절은 마음이 있어야 가능하다. 다시 보고 싶지 않은 소개팅남에게 "이번 주말은 안 되지만, 다음 주말은 어떠세요?"라고 할 수는 없으니.

무리한 요청이 반복될 경우에 조건을 걸어 다음 부탁을 미리 거절할 수도 있다. "이번에는 제가 해드리지만 다음에는 총무팀에 의뢰하세요. 원래 총무팀 업무여서 일처리가 더 빠를 거예요" "오늘은 제가 승인해드리지만, 다음부터 영수증 없으면 결재가 어렵습니다"라고 부드럽게 이야기해두면 다음에 거절했을 때 상대가 기분 나쁘지 않게 받아들일 수 있다. 갑자기 거절하는 것이 불편할 때 쓸 수 있는 좋은 방법이다.

③ 보류의 거절

빠른 거절은 상대의 기분을 상하게 한다. 단칼에 자르고 나면 내 마음도 편치 않다. 그래서 바로 거절하지 말고 잠시 생각하는 시간을 가지면 좋다. "이따 끝나고 저녁 먹자!"라고 했을 때 바로 "오늘 저녁은 안 돼"라고 거절하는 것보다 "오, 저녁? 근데 오늘 야근할지도 모른다고 해서.

음…. 아무래도 다음에 먹는 게 좋을 것 같아. 혹시 많이 기다리게 할 수도 있으니까"라고 하면 한결 부드럽게 전달될 것이다. 물론 수락하는 경우에는 고민하다 찜찜하게 승낙하는 것보다 흔쾌히 오케이를 외치는 게 훨씬 좋다. 하지만 거절하는 경우라면, 내가 최대한 상대의 부탁을 들어주고 싶어서 고민하는 모습이 상대에게도 긍정적으로 비칠 것이다.

그 자리에서 답변을 하지 않고 결정할 시간을 얻을 수 있다면 더욱 좋다. "일정이 되는지 확인해보고 알려드려도 될까요?" "지금 바로 결정하기가 좀 어려운데, 내일 알려드려도 될까요?"라고 이야기하면서 잠시 보류할 시간을 구하면 상대에게도 무례하지 않을 수 있고, 나도 더 현명한 판단을 내릴 수 있어 좋다. 수락한 후에 못할 것 같아 번복하는 것보다 신중한 모습으로 신뢰감을 주는 것이 더 낫다.

바로 답하는 경우 거절할 용기가 없어 무조건 수락해버릴 가능성이 높다. 나도 고민할 겨를 없이 수락했다가 하기 싫어서 후회한 적이 많았다. 중요한 일이라면 내가 생각하고 결정할 시간을 꼭 가진 후에 가능 여부를 알려주는 것이 좋다. 단 너무 오래 지체하면 오히려 실례가 될 수 있다. 상대도 일의 진행을 위해 나의 의사를 알아야 하고 거절했을 경우에 다른 대안을 찾아야 하기 때문에, 결정을 했다면 늦지 않게 답변을 주도록 한다.

물론 거절의 목적과 이유가 무엇인가에 따라 방법도 달라진다. 단칼에 잘라야 하는 경우도 있고, 최대한 정중하게 이해시켜야 하는 경우도 있다. 중요한 건 내 마음이다. 왜 거절하는가. 거절하는 내 마음은 어떤가. 상대에게 어떻게 거절해야 내 마음도 상대의 마음도 편안할까.

거절은 나다운 삶을 살기 위한 첫 번째 과제다. 이 과제를 통과하지 못하면 이 세상은 끊임없이 나를 괴롭힐 것이다. 거절 없이 행복하기란 쉽지 않다. 두려워하지 말고 정면 돌파하자. 지혜롭게, 센스 있게 거절하는 기술을 나의 인생에 장착해보자.

정말 중요한 것에 집중하는 것은
오직 '거절'을 통해서만 가능하다.

- 스티브 잡스

거절은 나답게 살기 위해 반드시 통과해야 하는 관문이다. 밉지 않게 거절하는 방법 세 가지를 연습해두자.

- **겸손의 거절** : "어쩌죠, 제가 이건 잘 못해서 어렵겠어요."
- **조건부 거절** : "오늘은 안 되는데, 주말은 어떠세요?" "이번까지만 제가 처리해드릴게요."
- **보류의 거절** : "확인해보고 내일까지 알려드려도 될까요?"

05

나
쉬운 사람 아니에요

    일본 여행에서 유독 눈에 들어오는 게 있었다. 곳곳에 붙어 있는 '주의' 문구들. 어릴 적 일본에 살 때는 몰랐는데 한국에 오래 지내다 가끔씩 일본에 가면, 작은 공간마다 붙어 있는 수많은 주의와 경고 문구에 숨이 막힐 지경이다.

    온천 목욕탕에 들어서면 탈의실에 "휴대전화 사용을 금합니다"라는 문구가, 입구에는 "반드시 몸을 씻고 탕에 들어가세요" "탕에 수건은 가지고 들어가지 마세요", 자리에 앉으면 "개인 자리를 맡지 마세요. 짐은 선반에 두세요 개인 짐을 자리에 두면 직원이 선반으로 옮겨둡니다" 옆을 보면 "머리 염색 금지. 다른 손님에게 피해를 줍니다" 등등,

곳곳에 금지 문구가 너무 많아 편하게 온천을 즐기기도 전에 가슴이 답답해진다. 일본에서 이미 기본 상식으로 지켜지고 있는 것들을, 저렇게 수많은 주의 문구로 도배해야 하는 것일까.

공중화장실에는 "휴지를 가져가지 마세요" "기저귀는 변기에 버리지 마십시오"와 같은 문구가 있다. 또한, 전철역 에스컬레이터에는 "어린이는 보호자의 손을 잡고 탑승하세요" "구두가 에스컬레이터에 끼일 수 있으니 조심하세요" "캐리어는 손잡이를 꼭 손에 잡고 타세요" "에스컬레이터에서 걷지 마세요"라고 주의 문구가 있다.

일본은 아직도 흡연이 가능한 식당이나 카페가 많은데, 작은 카페는 "담배는 1인당 3개피만 피워주세요"라는 아주 디테일한 안내까지 각 테이블에 놓여 있다. 한편, 서점에는 "물건을 훔치는 것은 범죄입니다"라는 문구가 강하게 적혀 있다. 누구나 그 사실을 이미 알고 있지 않을까 싶은 뻔한 문구들이다.

편히 여행하러 온 곳에서 가는 곳마다 주의와 경고 문구라니, 차라리 '일본어를 읽지 못했으면 더 평온한 여행이 되지 않았을까'라고 생각한 적도 있다. 굳이 이렇게까지 문구를 붙여놓아야 하나 싶다가, 문득 어쩌면 일본의 평온한 질서의 비결은 조용히 붙어 있는, 하지만 강력한 메시지를 주고 있는 이런 '주의 문구'들이 아닐까 하는 생각이 들었다.

선진국이라 할지라도 화장실의 휴지를 집에 가져가는 사람도 있을 것이고. 서점의 책을 슬쩍 하는 사람도 있을 것이다. 나는 적당히 융통성 있게 자율적으로 하는 것을 선호하는 편이지만, 깐깐하게 작은 위험도 철저히 대비하는 것, 작은 무질서도 철저하게 예방하는 것이 어쩌면 일본의 '안전'과 '질서'의 힘이 아닐까 싶었다.

이렇게 무질서를 예방하는 작은 안내문구들이 나의 일상에도 때론 필요하지 않을까. 대부분의 사람은 나를 존중해주지만, 꼭 그렇지 않은 사람들이 있기 때문이다. "커피 좀 사와"라고 입버릇처럼 이야기하는 상사. "얘 옷이면 두 명은 들어가겠다"라고 뚱뚱한 이의 콤플렉스를 가지고 농담하는 친구, "왜 아직도 결혼을 못해? 눈이 너무 높은 거 아니야? 저번에 그 남자는?" 하며 꼬치꼬치 캐묻는 이모…. 주변에 나를 함부로 대하는 일부 사람들이 나의 평온, 나의 자존감을 깨뜨리지 않도록 주의를 줄 필요가 있다.

어떻게 주의사항을 알릴 수 있을까. 너무 흥분할 것 없이, 또 너무 조심스러울 것 없이, 그저 그 자리에 붙어 있는 주의 문구처럼 조용히 한 마디 건네면 된다.

상대가 약간 선을 넘는 농담을 할 때	"저 그런 농담은 별로 안 좋아해요."
상처가 되는 말을 했을 때	"저 생각보다 상처 잘 받아요."
무리한 부탁을 해올 때	"이건 할 수 있지만 그것까지는 제가 하기 어려울 것 같아요."
부담스럽게 캐물을 때	"그 얘긴 이제 안 하고 싶어요. 우리 다른 이야기할까요?"
외모를 가지고 놀리는 발언을 할 때	"외모에 대한 이야기는 서로 조심했으면 좋겠어요."
항상 자기 맘대로 이끌어가려는 사람에게	"저 이번에는 이렇게 해보고 싶어요."

나도 상대도 부담 없도록 자연스럽게 말하면 된다. 처음엔 용기가 필요하지만 늘 처음이 두려운 법. 나와 관계를 맺는 데 있어서 알아야 할 안내나 주의사항을 종종 알려줄 필요가 있다. '깨지기 쉬우니 조심히 다루어주세요'라고 쓰여 있는 물건 사용설명서처럼 말이다. 그러면 상대도 나를

대하는 것에 대해 한 번 더 생각해보게 된다. 그렇지 않으면 이런 농담해도 되는 사람, 막말해도 받아주는 사람, 늘 부탁해도 되는 사람, 소위 '쉬운 사람'이 되어버릴 수 있다. 초연하게 알려주자. "저 쉬운 사람 아니에요."

=== Detail Tip ===

나를 함부로 대하는 사람을 받아주기 시작하면 '쉬운 사람'이 될 수 있다. 무례한 몇몇 사람이 나의 자존심을 계속 갉아먹기 전에 '예방'해야 한다. 정색할 필요는 없다. 하지만 조금은 진지하게 "저는 그 말이 좀 불편하게 느껴지네요" "그 부분은 서로 조심했으면 좋겠어요"라고 '나 취급 시 주의사항'을 알려주자.

06

여러 말보다
한 번의 눈빛이 필요한 순간

사람의 마음이 바뀌면 눈빛부터 달라진다. 실연을 당하고 살기 싫은 마음으로 일어난 여자의 눈빛과, '반드시 후회하게 만들어주겠어!' 하고 복수심에 가득 찬 여자의 눈빛은 다르다. 어제의 눈빛과 오늘의 눈빛이 다르다. 연인을 바라보는 눈빛과 상사를 마주하는 눈빛은 다르다. 굳이 말로 다 풀지 않아도 눈빛은 수만 가지의 언어와 감정을 담고 있다.

눈치 보는 사람들, 자기표현을 어려워하는 사람들, 상대에게 끌려가는 사람들의 공통점은 눈 맞춤에 약하다는 것이다. 반대로 자신감 넘치고 자기표현을 잘하는 사람들은 눈 맞춤에 강하다. 나는 눈 맞춤에 꽤 익숙하고 사람들의 눈을 지그시 바라보며 이야기하는 것을 좋아한다. 그런데도 나보다 더 당당하고 기가 센 사람과 대화할 때는 그 강렬한 눈빛에 압도돼 눈을 어디다 두어야 할지 어색할 때가 있다.

스피치 강의나 코칭을 할 때 나는 말뿐만 아니라 반드시 눈빛을 지도한다. 스피치 장면을 녹화해서 본인의 눈빛이 어떠한지, 언제 생기가 있고, 언제 눈을 피하고 아래를 보는지 같이 살펴본다. 그리고 자신감이 생겼을 때 눈빛이 어떻게 변하는지도 함께 확인한다. 눈과 말, 눈빛과 나의 마음은 결코 따로 놀 수가 없기 때문이다.

대부분 수차례 훈련과 연습으로 자신의 콘텐츠와 스피치에 자신감이 생기면 시선을 잘 맞추게 된다. 눈빛도 초롱초롱하고 생기 있게 바뀐다. 이전에 없던 아우라와 힘도 느껴진다. 하지만 지금 바로 자신감 있는 나를 보여주고 싶다면 먼저 눈빛으로 압도하는 것도 좋은 방법이다. 이때 중요한 것은 첫 5초에 승부를 보는 것이다.

자신감이 부족한 사람들은 상대가 뚫어지게 쳐다보면

어색해서 5초도 견디지 못하고 금방 눈을 다른 곳에 둔다. 그렇게 시선을 피하면 은연중에 기싸움에서 갑과 을이 정해져버린다. 시작부터 을이 되지 않도록 내가 먼저 '마의 5초'를 극복해보자. 조금 어색하더라도 '5초만 버텨보자'라는 마음으로 상대를 뚫어지게 쳐다본다. 첫 5초를 극복하고 나면 자신감도 생기고 눈 맞춤이 조금 더 자연스러워진다. 눈빛에서 나의 나약함을 보여주면 대화에서도 계속 끌려 다니게 된다.

나 역시도 긴장되는 MC 진행이나 강연에서는 시작할 때 가까이에 있는 청중들과 실제로 눈을 맞추며 인사를 하고 대화를 나눈 후에 본격적인 내용에 들어간다. 그래야 나의 긴장감을 풀 수 있고, 그들을 내 편으로 만들어놓고 시작할 수 있다. 특히 나이가 지긋하신 CEO들을 대상으로 강의할 때는 두 팔짱을 끼고 '젊은 여성이 나에게 무슨 이야기를 하나 어디 보자'라는 방어적인 자세로 앉아 계신 분들이 종종 있다. 그럴 때는 더 힘 있는 눈빛으로 직접적인 아이콘택트를 하면서 기분 좋은 대화를 주고받은 후에 시작한다. 그러면 그들의 방어적인 자세도 많이 열리고, 나는

'쫄지 않고' 내 페이스대로 강의를 이끌어갈 수 있다.

복싱이나 격투기 선수들에게도 경기 초반에 눈싸움이 중요하다. 이것이 경기의 흐름을 만들어가고 때로는 승패까지 좌우한다. 그래서 선수들은 시작종이 울리자마자 주먹을 휘두르지 않고 빙빙 돌며 서로의 눈빛을 제압한다. 미국 복싱 선수이자 세계 챔피언이었던 '조지 포먼' 역시 눈싸움을 하다가 상대가 눈을 떨구면 경기가 자신에게 우세하게 돌아간다는 사실을 깨닫고, 항상 경기 전에 눈싸움으로 상대의 기를 죽이고 시작했다고 한다.

파울로 코엘료의 소설 『연금술사』에도 눈빛에 관한 이야기가 나온다. 연금술사와 주인공 산티아고가 사막의 교전지역을 지날 때 병사들이 나타나 교전지역을 지나갈 수 없다고 단호히 말했다. 불응했다가는 죽을 수도 있는 상황이었다. 그런데 그때 연금술사가 두 병사의 눈을 똑바로 응시하며 "그리 멀리 가지는 않으리다"라고 하자 병사들은 잠시 아무 말이 없더니 기가 죽은 목소리로 계속 가도 좋다고 했다. 연금술사의 강렬한 눈빛에 매혹되어 그 눈싸움을 지켜보던 산티아고가 "눈빛으로 그들의 기를 꺾으셨군요"

라고 하자 연금술사는 이렇게 대답한다.

"눈은 영혼의 힘을 보여주지."

눈은 영혼의 힘이다. 구구절절한 하소연보다 단호한 나의 눈빛 하나가 더 좋은 무기가 되기도 한다. 내 눈빛은 무어라 말하고 있을까. 내 눈빛에는 얼마나 힘이 있을까. 마의 5초를 극복해 눈빛의 근육을 키워보자. 때로는 열 마디 말보다 한 번의 눈빛이 더 강렬하다.

═ Detail Tip ═

눈빛은 말보다 강렬한 언어이다. 눈 맞춤을 피하지 말고 지긋이 바라보는 연습을 해보자. 첫 5초를 이겨내면 대화와 관계를 주도하는 힘이 생긴다. 내 눈빛은 상대를 압도하는 힘이 있는가?

07

험담이 일상인 사람을
다루는 비법

끊임없이 뒷담화를 하는 사람, 매사에 불평불만으로 가득한 사람, 이런 사람과 함께 있으면 나도 한통속이 되는 듯한 찝찝한 기분이 든다. 관계를 끊을 수도 없고, 매번 받아줄 수도 없고. 이런 사람들을 어떻게 대해야 할까.

이런 사람을 만나기란 어렵지 않다. 특히 직장에서는 어딜 가나 꼭 이런 사람이 있는 것 같다. 나도 여러 곳에서 일을 했지만 항상 이런 사람이 있었다. 매사에 불평인 사람도 대하기 힘들지만 더 힘든 유형은 남의 험담을 자주 하는 사람이다. 같이 대화를 하면 맞장구쳐주는 게 나의 본능인데, 상대가 가까운 사람의 뒷담화를 하면 맞장구를 칠 수도 없고 어떻게 반응해야 할지 참 어렵다. 특히 상사가 그러는 경우에는 말을 무시할 수도 없어 더욱 어렵다.

　방송 프로그램은 남녀가 함께 진행하는 경우가 많기 때문에 파트너와의 궁합이 굉장히 중요하다. 나는 파트너 운이 좋은 편이어서 잘 맞는 사람과 뉴스를 하거나 혼자 라디오를 진행해서 큰 스트레스가 없었다. 그런데 피곤한 상사와 함께 파트너가 된 후배는 그 스트레스로 퇴사를 고민할 정도였다. 라디오를 같이 2시간씩 진행하는데 음악이나 광고가 나갈 때 동료들의 뒷담화를 끝도 없이 했고, 엔지니어가 밖에서 들을까 싶어 글로 써가면서까지 험담을 했다고 한다. 좁은 부스 안에 갇혀 매일 다른 사람의 험담이나 들어야 하니 지옥처럼 느껴졌을 것이다. 후배는 입사 1년차 아나운서였고, 선배는 40대 후반의 부장 아나운서라 당연히 찍소리도 못하고 속앓이만 했다.

　직장을 옮긴 후에도 그런 사람은 있었다. 방송 직전 스튜디오 안에서도 동료들의 험담을 많이 하는 사람 때문에 같이 일하는 파트너가 무척 불편해했다. 그 남자 선배가 저녁 시간대 메인뉴스 앵커를 맡게 되었을 때는, 여자 아나운서들 모두 그 뉴스만은 피해가길 바랄 정도였다. 아나운서들의 꿈이라는 메인뉴스 앵커 자리도 싫다할 정도니 얼마나 큰 스트레스였을까.

그를 대응하는 방식은 사람마다 조금씩 달랐다. A는 어쩔 수 없이 뒷담화를 다 들어주며 엄청난 스트레스를 받았다. B는 험담할 때 일절 반응해주지 않았다. 불편하긴 했지만 완전히 무시하니 더 이상 그녀에게 험담을 하지 않았다. C는 스트레스를 참다 못해 화제를 돌렸다. 아이가 둘 있는 공통점을 내세워 자녀 이야기를 하거나, 그가 좋아하는 야구 이야기로 주제를 바꿔 본인이 대화를 적극 리드했다.

저마다의 살 길을 찾는 그녀들의 방법이 재미있었다. 대부분의 사람은 험담하는 이에게 이 세 가지 레벨에서 반응한다.

험담에 대응하는 level 3

• level 1: 적당히 들어준다. 적극적인 노력이 필요 없고 상대와 관계를 유지할 수 있다는 장점이 있지만, 매번 험담을 들어줘야 해 스트레스를 많이 받게 된다.

• level 2: 무반응으로 대한다. 상대의 말을 무시할 수 있는 용기가 필요한 단계이다. 상대가 기분 나빠하겠지만 나에게 험담을 늘어놓지 않게 돼 매우 편하다. 하지만 관계에 있어 거리감이 생기는 단점이 있다.

• level 3: 주제를 내가 리드한다. 상대가 좋아하는 관심사로 이야기를 꺼내 대화의 주제와 분위기를 아예 바꿔버린다. 상대와 관계를 유지하면서도 좋은 대화로 바꿀 수 있어 긍정적이다. 단, 나의 적극적인 노력이 필요하다.

직장인들의 고민을 들어보면 대부분 level 1에서 머문다. 뒷담화에 맞장구까지 치지는 않더라도 상사의 이야기를 무시하기는 어렵다. 찜찜한 표정으로 "아, 하하, 네" 하며 마지못해 듣는 척한다. 듣고만 있어도 한 편이 되는 것 같아 마음이 불편하다.

level 2는 '내가 당신의 말이 불편합니다. 별로 듣고 싶지 않아요'를 내비치는 것이다. 무응답, 무표정으로 반응하며 그냥 내 일에 집중한다. 내 선배는 이런 방식을 선택했는데, 이것도 꽤 효과가 있었다. 그런데 다른 대화나 관계도 단절되는 단점이 있다.

level 3까지 가면 두 마리 토끼를 다 잡을 수 있다. 부정적인 사람은 쉽게 바뀌지 않는다. 불평불만과 뒷담화는 받아주기 시작하면 끝도 없다. "그래도 일 잘하잖아요" "그렇게 나쁜 사람은 아니예요"라는 정도로 적당히 받아주다가는 퇴사할 때까지 험담에 시달려야 할지도 모른다. 부정적인 에너지에 말리지 않기 위해서는 '적극적인 리드'가 필요하다. 예를 들면 다음과 같다.

"주말에 아이들하고 실내 동물원에 다녀왔는데 엄청 좋더라고요. 선배님 새별이 데리고 가보셨어요?"

"아이들 때문에 휴가지 고르기가 너무 어려워요. 차장님은 어디로 가셨어요?"

"어제 한국시리즈 보셨어요? 13회까지 연장돼서 얼마나 조마조마했는지 몰라요!"

"주말에 골프 몇 타 치셨어요?"

그들의 관심사, 나와의 공통점 등으로 적극 리드하면 긍정적인 주제로 바꿀 수 있다. 에너지와 노력 없이 이들을 대적할 수는 없다. 무엇이든 노력하는 만큼 달인이 되듯, 커뮤니케이션도 마찬가지다. 고민 없이 편하게만 지내면 사람들이 가진 불평과 비판, 험담을 들으며 부정적인 에너지에 말리게 된다. 그런 사람들이 불평을 배출할 만만한 타깃이 되고 마는 것이다. 그것을 끊어내려면 나의 결단, 관심사를 파악하는 치밀한 노력, 대화의 흐름을 바꿀 용기가 필요하다. 나의 대응은 지금 몇 레벨일까.

=== Detail Tip ===

불평불만과 험담을 일삼는 사람에게 적당히 대응했다가는 끝도 없이 받아줘야 하는 상황이 된다. 부정적인 대화에 말리지 않으려면 내가 분위기를 바꾸는 level 3까지 가야 한다. 상대가 뜨겁게 관심을 가질 수 있는 주제로 리드해서 그들의 부정적인 말을 차단해야 한다.

08

나와 맞지 않는
이유가 있다

엄마가 종종 아이를 보러 와주신다. 종일 아이만 보는 것
도 힘든데 나갔다 오면 빨래에 청소에 밥까지 해두신다. 애
보면서 얼마나 힘이 들까 싶어 늘 이야기한다.

"집안일 하지 말고 수아만 봐줘. 수아 잘 때 자고. 엄마도
힘들잖아."

"응, 알았어."

그런데 저녁 무렵 돌아오면 또 부엌에서 국 끓이고 반찬
만드느라 바쁘다. 아이는 혼자 놀거나 징징거리며 바짓가
랑이를 잡고 늘어진다.

"저녁 안 차려도 된다니까."

"그래도 집에 오면 따뜻한 국이라도 있어야지."

그 마음은 고맙지만 나는 저녁 반찬이 뭐든, 국이 있든 없든, 별로 중요하지 않은 사람이다. 엄마가 힘들지 않았으면 좋겠고, 아이가 할머니와 즐겁게 놀았으면 좋겠다. 같은 상황이 반복돼서 이제 좀 더 구체적으로 이야기한다.

"김 서방도 늦게 오고 나도 저녁 안 먹을 거니까 저녁 차리지 말고 그냥 수아 봐줘. 요즘 옆에서 같이 안 놀아주면 자꾸 소리 지르니까."

'엄마 힘드니까'라고 좋게 이야기했다가 말이 점점 거칠어진다. 그러나 아직도 엄마는 애를 들쳐 업고서라도 국을 끓이고 밥을 차려놓는다. 도무지 말이 통하지 않는다.

나는 '에니어그램'이라고 하는 성격유형을 공부하면서 엄마를 이해하기 시작했다. 에니어그램은 9가지로 성격을 분류하고 그에 따른 특성과 장단점, 그리고 나아가야 할 방향에 대해 알려준다. 이 검사는 성격 이해와 발달을 돕는 도구로, 고대의 지혜와 현대의 심리학이 결합되어 만들어졌다.

우리 엄마는 '2번 자상한 사랑주의자' 유형이다. 베풀기를 좋아하고 다른 사람을 위해 헌신하고 인정받으며 삶의 기쁨을 찾는 유형이다. 그렇게 타고나서 평생을 살아온 엄마에게 아무리 내가 "밥 차리지 마" "반찬 안 해도 돼"라고 이야기해봤자 한순간에 바뀔 수가 없다. 엄마는 그냥 하게 되는 것이고 그것이 엄마의 기쁨인 것이다.

나는 '효율적인 성공주의자' 유형이다. 효율을 중요하게 생각하는 내가, 별로 티 나지도 않는 집안일에 시간과 에너지를 쏟는 일을 이해할 리가 없다. 나는 설거지나 부엌 정리를 하다가 시간이 훌쩍 가버리면 '이 시간이면 글을 썼을 텐데', '이 시간이면 책을 한참 봤을 텐데'라며 (내 기준에) 비생산적인 일에 시간 쓰는 것을 안타까워하는 사람이다.

각각의 성격 유형과 특성을 알고 나니, 나의 잣대를 가지고 커뮤니케이션을 하면 안 된다는 것을 깨달았다. 그래서 그 후로 나는 "저녁 안 해도 돼" "청소하지 마, 엄마"라는 말 대신에, "집안이 반짝반짝해졌네!" "와, 이 국 맛있다. 기름에 볶아서 끓인 거야?"라고 이야기한다. 그러면 엄마는 신이 나서 "응. 고기 좀 넣고 끓이려 했는데 고기가 없어서, 참기름 넣고 고소하게 볶아서 끓였어. 맛있지?"라고 말하며 미소를 짓는다. "하지 마. 엄마 힘들잖아. 그냥 쉬어!"라고 했을 때보다 훨씬 더 기분 좋은 대화이다.

회사에서 나쁜 상사를 대하면서 동료들끼리 자주 했던 말은 "정말 이해가 안 돼!"였다. 어쩌면 당연하다. 타고난 본성이 다른데 내 틀로 해석하려 하니 당연히 이해가 안 된다. 상대도 나란 사람을 도저히 이해할 수 없다 할지도 모른다.

그래도 다른 사람들을 이해하고 싶은 마음이 있다면 그들의 프레임으로 바라봐야 한다. 여러 성격 유형을 파악하고 그 욕구에 맞는 커뮤니케이션 전략을 사용하면 갈등을 줄이고 생산적인 대화를 할 수 있다.

9가지 에니어그램 유형과 이들을 대하는 커뮤니케이션 전략

유형	별칭	커뮤니케이션 전략
1	올곧은 완벽주의자	디테일하고 논리적으로 설명한다.
2	자상한 사랑주의자	헌신과 도움에 대한 칭찬과 인정의 말을 해준다.
3	효율적인 성공주의자	짧고 굵게 핵심만. 쓸데없이 긴 말을 하지 않는다.
4	고유한 독창주의자	그 사람만의 독특함을 인정해주는 말을 한다.
5	현명한 관찰주의자	박식함과 통찰력을 인정해주는 말을 한다.
6	충성하는 안전주의자	확실한 근거와 답을 가지고 대화한다.
7	환호하는 낙천주의자	새롭고 즐거운 주제로 대화한다.
8	강한 도전주의자	주장하는 것에 잘 따라준다.
9	화합하는 평화주의자	귀 기울여 들어준다.

성격 유형 공부를 하면서 떠오른 말이 있었다.

"심리학을 공부하면서 좋은 건, 미워하는 사람이 없어진다는 거야."

내가 회사에 다닐 때, 퇴사하고 심리학 공부를 시작했던 기자 선배의 말이었다. 나는 그 경지까지 도달하진 못했지만 그 말의 의미를 조금씩 이해하게 됐다. 다른 사람들의 고유한 특성을 알고 나면 그들의 말과 행동을 조금 더 헤아리게 된다. 그들의 프레임에 맞게 커뮤니케이션 할 수 있는 지혜가 조금씩 생긴다.

"저녁 안 차려도 된다니까?"라고 퉁명스럽게 말한 것이 못내 걸려, 돌아간 엄마에게 문자를 보낸다.

"엄마! 북엇국 진짜 맛있다! 밥 한 그릇 뚝딱했어. 나 생각해주는 사람, 엄마밖에 없네!"

행복한 엄마에게 하트눈과 윙크의 이모티콘이 마구 날아온다.

나의 성향으로 상대를 이해하려 하면 답답해지고 말이 거칠어진다. 다른 사람의 타고난 성향을 파악하고 그들이 중요하게 생각하는 것을 커뮤니케이션으로 채워주자. 전략을 사용하면 대화가 즐거워진다.

09

에너지를
아끼는 마법의 말

'왜 내가 이해하고 맞춰줘야 해?'

'내가 왜 싫어하는 사람의 성향까지 알아야 돼?'

'그 인간을 이해하는 데 쏟을 에너지가 어디 있어.'

앞의 내용을 읽으면서 이런 생각이 들었다면 더 쉽게 풀수 있는 방법이 있다. 마법의 말 "그럴 수도 있지"를 써먹는 것이다. 이는 에너지를 아낄 수 있는 가장 좋은 방법이다.

쉽게 뜨거워지는 나와 달리 늘 평온한 남편은 "그럴 수도 있지"라는 말을 자주 하곤 한다. 심지어 소치 동계올림픽에서 김연아 선수가 개최지인 러시아 선수에게 금메달을 빼앗겨 판정논란이 심했을 때도 그랬다. 같이 보던 가족들 모두 흥분해서 "말도 안 돼!"를 외치고 있었다. 방송하던 캐스터도 흥분해서 목소리 톤이 높아졌는데 그는 아무 말도 없었다.

"자기는 화 안 나?"

"그럴 수도 있지."

내가 밖에서 불공평한 대우를 당하거나 화가 나는 일이 있어 씩씩거리며 이야기해도 "그럴 수도 있지"라고 말한다. 너무 서운하다.

"뭐? '그럴 수도 있지'라니!"

"그 사람은 몰랐으니까 그랬겠지."

어쩔 때는 폭발할 것 같다. 그러나 사실 나는 시간이 갈수록 이 말에서 많은 것을 배운다. 불편하고 이해 안 되고 화가 폭발하려 할 때 "그럴 수도 있지"라고 말하면 흥분된 마음이 조금 가라앉는다. 불이 붙었을 때 찬물을 끼얹는 느낌이랄까. 김이 새긴 하지만 어쨌든 불을 가라앉히고 상대 입장도 조금은 생각하게 된다. 물론 남편이 나에게 말할 때는 화가 난다. 하지만 스스로 말하는 것은 꽤 효과적이다.

'그럴 수도 있지'라는 말을 억지로 좀 연습해보니, 이 말을 자연스럽게 내뱉을 수 있는 날이 온다면 인생에 걸릴 것이 별로 없겠다는 생각이 든다. 이 말 다음에는 대꾸할 말이 없어진다. 모든 것을 담아버리는 말이다. 그 사람 입장에서는 그럴 수도 있는 거니까.

상대의 성향과 사정을 잘 알고 이해해줄 수 있으면 제일 좋다. 하지만 에너지와 관심이 필요한 일이다. 그렇게 쏟을 에너지가 없다면 분노할 에너지도 아껴보자. "어떻게 그럴 수가 있어?"라며 씩씩거리기보다, "그럴 수도 있지"라는 한 마디로 냉수 한 그릇 들이마시자. 내 정신 건강에도 그게 좋다. 그 사람 입장에서는 그랬겠지. 그럴 사정이 있었겠지. 그 사람 생각은 그런가 보지. 평가를 내려놓으면 평온이 온다는 사실.

평가가 들어가지 않은 관찰은
인간 지성의 최고 형태이다.

— 크리슈나무르티

내 기준에서 이해하려 애쓰는 것보다는 이해하지 않으려는 게 더 나을 수도 있다. "어떻게 그럴 수 있지?" "도대체 왜 저러는 거지?"라고 분석하려 하지 말고 때로는 그냥 놓아주자. "뭐, 그럴 수도 있지."

나를 불편하게 하는 사람과

그동안 나는

어떻게 대화해왔나요?

건강한 경계와 거절 없이는

나답게 살 수도,

행복하게 살 수도 없습니다.

원하는 삶을 살기 위해

오늘 무엇을 거절해야 할까요?

• 불편한 사람과의 커뮤니케이션을 실질적으로 개선해보고 싶다
면, 262페이지 'C-GROW 셀프코칭'을 활용해 실행해보자.

분명하게
하고 싶은

말을
하는 법

"솔직하고 지혜롭게 말하고 싶은 당신에게"

어디까지
솔직하게 말할 것인가

나는 예의 바르게 살아왔다. 나의 말을 적당히 검열하며, 굳이 필요 없는 자기 노출은 하지 않으며, 상대방의 기분도 배려하며…. 누군가 그랬다. 예의 바름은 '방어적'인 것이기도 하다고. 그 말이 내 가슴에 콕 박히는 것은, 찔려서이겠지.

나답게 살기로, 좀 더 솔직하게 표현하기로 결심하고 나서 '그러면 과연 어디까지 솔직하게 말할 것인가'가 고민됐다. 내 감정, 욕구들을 그대로 표현하는 것이 옳은 것일까. 나 자신을 위해서는 좋을 것 같다. 그런데 상대방이 버거울 수도 있을 것 같다. 그러면 관계가 나빠질 수 있고, 결국은 나에게도 좋지 않은 일 아닐까.

자기표현을 자제하는 이유는 꼭 남의 눈치를 보거나 남을 배려해서만은 아니다. 하고 싶은 얘기를 거침없이 했다가 관계가 틀어지면 결국 나에게도 손해이기 때문에, 나 편하자고 참는 경우도 많다.

솔직해지면서 다른 사람과의 갈등을 감수할 것인가, 아니면 입 다물고 지내면서 스트레스를 축적할 것인가. 둘 중 하나를 선택해야 한다면 나는 전자를 선택하겠다. 갈등을 피하자고 내 마음을 우울하고 답답하게 만들고 싶지 않다. 하지만 어쨌든 둘 다 싫다. 그래서 다른 사람과의 관계를 유지하면서도 솔직하게 자기표현을 하는 방법에 대해 고민해보았다.

이번 장에서는, 욱하고 올라올 때 어떻게 지혜롭게 말할 수 있을지, 나도 말하고 싶은데 상대가 끝도 없이 말할 때 어떻게 내 얘기를 꺼낼 것인지, 나를 어디까지 노출해야 할지, 자기표현을 어떻게 연습할 것인지, 어떻게 솔직하게 표현할 수 있을지에 대한 이야기를 담아보았다. 관계를 잘 유지하되, 참지 말고 건강하게 표현하는 방법에 대해 알아보자.

말하라, 모든 진실을.

하지만 말하라, 비스듬히.

- 에밀리 디킨슨

01

갈등이 싫어서
'하고 싶은 말'을 참고 있다면

참는 게 미덕이다. 져주는 게 이기는 거다. 좋은 관계를 위해 인내해야 한다. 과연 그럴까? 이렇게 살다가 마음의 병이 깊어져 심리상담소를 찾는 사람이 많다. 참는 것이 미덕이라 하는 우리나라만의 독특한 질병인 화병에 걸린 사람도 많다. 화병은 감정표현이 억제돼 오랜 기간에 걸쳐 쌓이면서 나타나는 병이다.

매사에 참고 사는 사람, 정말 위험한 사람이다. 할 말이 많은데도 입을 꾹 닫아버리는 것은 소통의 통로를 막아버리는 것이다. 그래서 마음의 병을 키우는 것은 물론이고 상대와의 관계에서도 결국 파괴적인 결말을 가져온다. 매사에 져주고 참는 사람은 착한 듯 보이고 배려하는 듯 보이지만, 그것이 '기쁨'에서 나오는 자연스러운 것이 아닌 상대와의 관계를 위한 '인내'에서 나오는 것이라면 그것은 쌓이고 쌓여 결국 폭발하고 말기 때문이다.

그들은 참을 수 있는 데까지 참다가 한계에 달하면 관계를 포기하거나, 떠나거나, 불같은 분노를 보인다. 그런데 평소에는 말없이 참기 때문에 상대는 불편한 마음을 전혀 모르다가 갑작스러운 반응에 당황스러울 수밖에 없다. 온순한 사람인 듯했다가 한순간에 관계를 끊어버릴 수도 있는 무서운 사람으로 느껴진다.

참고 참다가 갑자기 헤어지자고 하는 연인, 상사의 만행에 찍소리도 안 하고 참다가 어느 날 사표를 내미는 직원, 참고 살다가 갑자기 폭발해 그동안 쌓인 것을 모두 토해내는 배우자 등. 이런 사람들의 극적인 행동에 상대도 놀라 상처를 받게 된다.

'내가 져주고 말지'라며 관계와 대화를 승패로 생각하거나, '내가 참아야 갈등이 없지', '누군가는 희생해야지'라고 흑백논리로 생각하는 것은 유연성이 없는 경직된 관계 방식이다. 이들의 대화법은 참거나, 확 지르거나 둘 중 하나다. 그래서 참다가 병이 나거나 욱해서 관계가 깨진다. 이런 이분법적 사고방식은 건강하지 못하다. 더 나아가 위험하다. 내가 굳이 이기거나 지지 않아도 나의 생각을 부드럽게 전할 수 있고, 입 꾹 다물며 참지 않아도 내 의견을 조곤조곤 이야기할 수 있다. 이렇게 하는 게 참고 참다가 한 번에 터뜨리는 것보다 훨씬 더 건강한 관계를 만드는 길이다.

내가 아는 한 언니는 누구에게든 헌신적이고 배려하는 여성이다. 결혼해서도 남편에게 다 맞춰주며 현모양처로 살았다. 그래서인지 공주대접을 받으며 결혼했던 언니가 어느새 남편에게 푸대접을 받고 사는 듯했다. 나를 만나면 자신을 함부로 대하는 남편 이야기를 하며 푸념을 늘어놓았다. 나는 그렇게 아름답고 헌신적인 여성이 그런 대접을 받고 사는 것이 정말 안타까웠다.

"언니, 그렇게 하면 속상하다고 말해. 이러이러하게 해줬으면 좋겠다고 얘기해!"

"얘기하면 괜히 싸움만 돼. 큰소리 듣느니 그냥 내가 참고 말지."

"얘기를 안 하면 어떻게 알겠어. 언니, 화내면서 이야기 하라는 게 아니라 그냥 솔직하게 조근조근 이야기해 봐."

"여자가 말 많다고 싫어해. 싸우기 싫어."

"그렇다고 평생 이렇게 살 수는 없잖아. 솔직하게 털어 놓으면 좀 티격태격할 수도 있겠지만, 그러면서 서로 알아 가고 맞춰가는 거지."

그녀는 분을 삭이며 이야기했다.

"두고 봐. 내가 지금은 참지만, 계속 이런 식으로 나오면 나도 평생은 이렇게 못 살아. 헤어지자고 할 거야."

나는 그녀의 그 말과 생각이 너무 무섭게 느껴졌다. 작은 불만들, 서운함, 아쉬움, 평소에 이야기하면서 충분히 풀어 갈 수 있는 것들인데, 싸우기 싫다고 참고 참으면서 억울한 마음과 미움을 점점 키워가고, 그것 때문에 헤어질 생각까 지 하다니! 너무 극단적이고 너무도 불행한 태도이다. 혼 자서 마음의 골병을 키워가고, 상대는 영문도 모른 채 어느 날 갑자기 '이별통보'를 받게 될 수도 있다. 이 얼마나 슬픈 일인가(실제로 '인내'가 이혼의 가장 큰 원인이라고 한다). 그래서 평소에 나의 감정, 나의 욕구를 상대에게 차근차근 이야기하는 것은 매우 중요하다. 건강한 관계, 건강한 소통을 위해서는 필수다.

그러면 어떻게 나의 감정과 욕구를 잘 말할 수 있을까. 싸우지 않고 더 좋은 관계를 만드는 대화법은 무엇일까. 미국 심리학자인 마셜 B. 로젠버그가 『비폭력대화』에 소개한 여러 좋은 대화법 중에 세 가지를 소개한다. 비폭력대화(Nonviolent Communication)는 상대를 비난하거나 비판하지 않으면서 자신의 마음을 솔직하게 표현하는 방법이다.

1. 판단과 관찰을 분리하기

"너는 정말 무책임해!"
⇒ "오늘까지 다 끝내야 하는 일을 끝내지 못해서 많이 실망했어."

'무책임하다'라는 말은 나의 판단과 평가가 들어간 말이다. 평가를 제외한 관찰, 즉 fact는 '오늘까지 끝내지 못한 것'이다. 그래서 나는 '실망'했고 무책임하다고 느낄 수 있다. 그런데 이 모두를 섞어버리면 "너는 무책임한 사람이야"라고 마음대로 판단하는 게 되어버린다.

상대를 내 맘대로 판단해서 낙인찍는 것, 이거야말로 폭력적인 대화다. 관찰과 평가를 뒤섞으면 상대는 비판으로 받아들이기 쉽다. 그래서 반드시 사실과 평가를 분리해야 한다.

"왜 이렇게 제멋대로야?"
⇒ "같이 결정한 것을 여러 번 번복하면 나는 혼란스럽고 존중받지 못한다는 느낌이 들어."

'제멋대로' 역시 나의 평가이다. 관찰한 사실은 '같이 결정한 것을 여러 번 번복한 것'이다. 그럴 때 자신이 '혼란스럽다' '존중받지 못한다는 느낌이 든다'는 것을 전달하는 편이 좋다. '너는 제멋대로야'라고 단정하며 비난하는 것과는 천지차이이다.

2. 감정의 근원인 욕구 파악하기

로젠버그는 다른 사람을 비판하고 분석하는 것은 자신의 욕구를 돌려서 표현하는 것이라고 했다. 예를 들어 "넌 한 번도 날 이해한 적이 없어!"라고 했다면, 실제로 그는 이해받길 바라는 자신의 욕구가 충족되고 있지 않다는 말을 하고 있다는 것이다*. 그래서 비판을 하기 전에 자신의 욕구를 먼저 파악할 수 있다면 좀 더 부드럽고 생산적인 대화를 할 수 있다.

"넌 나를 한 번도 이해한 적이 없어!"
⇒ "나는 너한테 이해받고 싶은데, 그렇지 못한다는 느낌이 들어서 속상해."

이해받고 싶어 하는 나의 욕구를 파악하고, 그렇지 못했을 때 내가 느끼는 감정을 이야기하면 상대도 '그럴 수도 있겠다'라고 생각한다. 하지만 "너는 나를 한 번도 이해한

---

* 마셜 B. 로젠버그, 비폭력대화(한국NVC센터, 2013), 93

적이 없잖아"라고 마음대로 판단하면 "아니야!"라고 반박하게 된다.

"당신은 나보다 일이 더 중요한 사람이잖아."

⇒ "나는 저녁에 당신과 시간을 보내고 싶어. 그런데 일 때문에 약속을 취소하는 날이 많아지면 소외감을 느껴."

상대를 '나보다 일이 더 중요한 사람'이라고 일방적으로 몰아가면 좋은 대화를 할 수 없다. 그 말을 듣고 "미안해"라며 갑자기 반성할 사람이 몇 사람이나 될까. 상대는 그 말에 동의하지 않을 것이고 화가 날 것이다. 내 맘대로 판단하기 전에 내가 왜 그렇게 생각하게 됐는지 내가 원했던 것을 먼저 살펴보아야 한다. '같이 시간을 보내고 싶다'는 나의 욕구가 파악되면 솔직하게 이야기하고, 그것이 충족되지 못한 나의 감정을 이야기하면 된다.

3. 원하는 것을 부탁하기

감정만 표현하고 끝나면 상대는 내가 원하는 것을 모르

기 때문에 같은 상황이 다시 발생할 수 있다. 반대로 자신의 감정이나 욕구를 말하지 않고 부탁만 하면 상대는 명령처럼 받아들일 수 있다. 그래서 앞 1, 2번에서 소개한 순서대로 자신이 관찰한 것, 욕구와 감정을 잘 표현한 후에 내가 원하는 구체적인 것을 부탁하는 것이 가장 좋다. 이때도역시 비난하거나 평가하지 말고 원하는 것을 있는 그대로표현하는 것이 중요하다. "이렇게 하지 마!"보다 "이렇게해줬으면 좋겠어"라고 긍정언어를 사용하는 것이 좋다. 그리고 모호하지 않게 구체적인 행동을 부탁하는 것이 무엇보다 중요하다.

"당신 요즈음 완전 일중독이야. 맨날 오밤중에 들어오고가족은 나 몰라라야? 애들도 아빠 어디 갔냐고 찾아대고, 아침부터 밤까지 애들 먹이고 재우느라 힘들어도 나는 안중에도 없잖아. 가족들하고 시간 좀 보내주면 안 돼?"

이렇게 비난과 평가가 들어간 말들로 가득 채우면, 상대도 기분이 상해 싸움이 된다. '일중독' '맨날' '가족은 나 몰라라' '안중에도 없다' 이런 표현들은 모두 자신의 부정적인 평가가 들어간 말이다. 그러니 상대방이 긍정적으로 수긍할 수가 없다. 그리고 구체적인 해결책이 없어 같은 상황이 반복될 수밖에 없다.

⇒ "이번 달에는 당신이 집에 10시 넘어서 들어와서 아이들이 아빠 볼 시간이 거의 없었어. 지석이가 아빠랑 축구하고 싶다고 찾고,(관찰) 나도 혼자서 아이들 돌보고 재우려니 많이 힘들고 속상해.(감정) 많이 바쁘더라도 가족들과 시간을 보내주면 좋겠어.(욕구) 매주 토요일은 아이들과 같이 보내줄 수 있을까?(부탁)

관찰한 내용, 나의 감정, 나의 욕구를 이야기하고, 그 다음 구체적으로 부탁을 하는 것이다. "가족과 시간을 좀 보내줘" 정도로 부탁하는 것보다 더 상세하게 요청을 해야 상대도 실천하기 쉽고 나도 만족할 수 있다. "나한테 관심 좀 가져줘" "당신이 더 책임감을 가졌으면 좋겠어" 이런 식의 추상적인 부탁은 행동에 옮기기도 어렵고 평가하기도 어렵다. 결국 부탁한 사람은 다시 실망할 수밖에 없다. 명확한 표현으로 부탁해야 한다.

"나는 집에서 애만 보는 사람이야?!"

때로 쉬거나 자유 시간을 갖고 싶은 욕구가 충족되지 않아서 나온 말이다. 화를 쏟아내기보다 그 욕구를 충족할 수 있는 부탁을 해보자. "나도 자유 시간을 줘"라고 이야기할 수 있지만, "일주일 중에 하루 저녁은 혼자 시간을 보낼 수 있게 해줘"와 같이 실행에 옮길 수 있는 구체적인 부탁을 해야 욕구를 충족시킬 가능성이 훨씬 더 높아진다.

앞서 관찰과 욕구, 감정이 잘 전해졌다면 이 정도 부탁은 들어줄 수 있을 것이다. 그러면 "나만 애보는 사람이야?" "누구는 맨날 늦게까지 일하고 싶은 줄 알아?"라고 소모적으로 싸우지 않고 서로의 마음을 전하고 원하는 것들을 충족시켜갈 수 있다. 물론 교과서처럼 처음부터 잘 되지 않을 수 있다. 하지만 좀 티격태격하면 어떤가. 서로의 마음을 알 수 있고 서로가 원하는 것을 알 수 있다면, 좀 싸운들 어떤가.

참는 것은 미덕이 아니라 미련한 것이다. 참는다는 것은 소통을 단절시키는 것이고, 소통이 단절된 관계는 건강하게 이어질 수 없다. 갈등을 만들고 싶지 않다, 싸우기 싫다는 핑계로 비겁하게 입을 다물지 말자. 상대를 비난하기 전에 있는 그대로 관찰하고 나의 감정과 욕구를 섬세하게 살피면, 좀 더 지혜롭게 의사표현을 할 수 있다. 더욱 성숙하고 조화로운 관계를 이어나가기 위해선 구체적으로 표현할 줄 알아야 한다.

=== Detail Tip ===

관찰 → 느낌 → 욕구 → 부탁

이 네 가지를 잘 적용하면 싸우거나 상대를 비난하지 않으면서 솔직한 의사표현을 할 수 있다. 하고 싶은 말을 무조건 참는 것은 마음의 골병을 만들고 상대와 멀어지는 지름길이다. 의사표현을 피하지 말자. 건강한 관계는 소통 없이 결코 만들어지지 않는다.

02

들어주기만 하는 거,
이제 그만할까?

아나운서로서 일할 때, 정말 중요한 덕목이 '경청'이었다. 출연자의 말, 인터뷰이의 말을 귀 기울여 들어야 했고, 그들이 마음을 열고 더 깊은 이야기를 할 수 있도록 마음을 다해 따뜻하게 반응해주어야 했다. 또한, 호기심을 갖고 끊임없이 질문해야 했다.

아나운서는 말을 많이 하는 직업 같지만 '내 이야기'는 하지 않는 직업이고, 사실 말하기보다는 '듣기'를 더 많이 하는 직업이다. 10여 년 동안 방송하며 이런 것이 몸에 익다 보니 일상에서 대화할 때도 잘 듣고 잘 공감하게 되었다. 그래서 사람들은 나와의 대화를 즐겁게 여겨주었고, 또 경청해준 나에게 고마워했다. 나는 '경청'이 방송을 하며 생긴 최고의 선물이란 생각에 뿌듯했고 때로는 어깨가 으쓱하기도 했다.

그런데 언제부턴가 그런 대화를 마치고 돌아오면 마음이 헛헛했다. 상대방은 많은 이야기를 하며 속이 후련해지기도 하고 감정의 정화도 느끼는데, 내 마음은 조금씩 메말라가는 느낌이었다. 왜일까. 이런 대화가 반복될수록 나는 상대에 대해서 너무도 잘 알게 되는데, 상대는 여전히 나에대해 모른다는 것이 갈증의 원인이었다. 관계의 균형이 맞지 않는 것이다. 마치 시소를 탈 때 올라갔다 내려갔다 해야 하는데, 나는 늘 아래에서 혼자 상대를 바라보고 있는 느낌이었다. 그런 시소타기가 즐거울 리 없었다.

나도 내 이야기를 조금씩 해야 서로 알아갈 수 있겠구나 생각했다. 그래서 '이제 나도 내 이야기를 해봐야지'라고 생각했다. 그러나 그게 마음먹은 대로 쉽게 되지 않았다. 나는 직업병으로 상대의 말을 끊지 못하고 공감하고 맞장구치며 이야기가 마무리될 때까지 듣는 편이다. 그러면 사람들은 대부분 끝도 없이 자기 이야기를 하고 싶어 한다. 적당히 자신의 이야기를 마무리하고 "너는 어때?"라고 물어봐주는 사람은 거의 없었다. 나는 늘 꼬리에 꼬리를 무는 질문을 하며 들었는데, '너 어떻게 지내는지 정말 궁금해' 라는 마음으로 나에게 질문을 해주는 사람은 별로 없었다. 상대가 나를 궁금해할 때까지 기다리다가 결국 또 내 얘기 는 못하고 만다.

이런 고민을 하고 있자니 내 친구가 생각났다. 중학교 때 부터 친구였는데, 그 친구는 말수가 적고 얌전한 친구였다. 늘 잘 들어주고 잘 받아주었다. 워낙 말이 없다 보니 그 친 구와 함께 있을 때는 주로 내가 많은 말을 하게 된다. 내가 말을 하지 않으면 정적이 흐르는 것이 어색해서 나는 계속 해서 내 이야기를 했다. 지금 생각해보면 나와 그렇게 대화 를 하고 돌아간 그 친구가, 지금 나처럼 '공허함'을 느끼지 않았을까. 자기도 풀고 싶은 이야기가 많이 있을 텐데, 다 른 사람들의 이야기만 마음속에 가득 쌓여 있는 것은 아니 었을까. 가만히 생각해보면 그 친구는 말이 전혀 없는 숙 맥은 아니었다. 내가 궁금해서 여러 가지 질문을 하면 천 천히, 그리고 명료하게 자신의 생각, 가치관을 이야기했고, 때로는 눈물을 흘리며 아픔을 이야기하기도 했다. 단지 자신의 이야기를 하기 위해 상대의 '진정한 관심과 준비'가 필요했던 것인지도 모른다.

깊은 관심을 갖고 들을 준비가 되어 있는 상대를 만날 수 있으면 참 좋을 것이다. 하지만 숱한 시도를 해보며 깨달은 것은 그런 사람은 그리 많지 않다는 것이다. '경청'의 중요성을 아무리 강조해도 어딜 가나 항상 말하는 사람은 항상 말하고, 항상 듣는 사람은 항상 듣는다. 말하기 좋아하는 사람의 입을 막기는 불가능에 가깝다. 차라리 듣기만 했던 사람이 입을 열어보자. 말할 수 있는 적절한 타이밍은 저절로 주어지지 않는다. 내가 그 타이밍을 만들어보자. '말 좀 끊으면 어때. 좀 끼어들면 어때. 나도 내 얘기 좀 하면 어때' 하고 생각해보자.

끝도 없이 자신의 이야기만 하는 상대에게 내 이야기도 적절히 섞어가며 서로 알아가는 것, 관계의 균형을 맞추는 것은 장기적으로 굉장히 중요하다. '나는 좋은 마음으로 들어주어야지, 맞춰주어야지' 생각할 순 있지만 한쪽으로 쏠린 관계, 만날 때마다 혼자만 에너지를 소모해야 하는 관계는 결코 오래 지속되지 않는다. 일방적인 경청은 답이 아니다.

건강한 나를 위해, 건강한 소통을 위해 내가 결단하고 실천하는 방법은 '나 중심으로 생각하기'이다. 그동안 '이런 이야기는 자랑으로 들리겠지?' 해서 참고, '이건 너무 사소한 이야기지?' 해서 참고, '이런 주제에는 별로 관심이 없겠지?' 해서 참았다. 이렇게 상대 입장을 너무 많이 생각하니 결국 내 이야기를 못하게 된다. 그냥 그런 거 다 떠나서 '내가 하고 싶은 이야기'를 하자. 내가 관심 있는 이야기에 상대도 관심 있게 들어줄 거라고 상대를 믿어보자. 그리고 혹시 관심 가져주지 않아도 괜찮다고 나를 믿어보자.

또 한 가지 방법은 '적절한 타이밍에 끼어들기'다. 다만 무례하지 않게, 상대와 비슷한 주제로 끼어드는 것이다. 상대의 이야기에 비슷한 경험이나 생각이 있다면 "어, 그랬구나! 나도 그 마음 조금 알 것 같아"라고 하면서 나의 이야기를 곁들이는 것이다. 혹은 다른 경험이 있다면 "아, 그랬구나, 나의 경우엔 이러했어"라고 하면서 자신의 다른 입장을 나눌 수 있다. 그러면 상대의 말이 다 끝나기를 기다렸다가 새로 내 이야기를 하는 것보다 서로 더 많은 것을 공감하고 더 깊은 이야기로 끌어갈 수도 있다. 나는 말을 끊는 것이 매우 무례하다는 생각으로 늘 말이 다 끝나기를 기다렸다가 내가 이야기할 타이밍을 찾았는데, 그런 좋은 타이밍은 저절로 주어지지 않는다는 것을 알았다. '지레 겁먹고, 말 끊으면 안 되지'라고 생각할 필요 없다. 적절하게 맞장구치며 치고 들어가는 것도 때로는 필요하다.

나는 그동안 '상대의 이야기를 더 많이 들어주어야 한다' '상대의 중심에서 생각하고 말해야 한다' '말을 끊지 말고 끝까지 경청해야 한다'와 같은 말들을 배우고 또, 가르쳐왔다. 그러나 이제는 경청과 전혀 다른 것을 실천하고 있다. 스스로에게 좀 더 솔직하고 당당하게 표현하는 사람이 되기 위해, 나는 청개구리처럼 이것들을 반대로 실천해보고 있는 것이다. 그러면서 조금씩 내 목소리를 더 많이 내게 되었고, 대화를 할 때도 내 마음이 더 시원해졌다. 상대가 나를 알아가고 이해해주는 느낌이 들며 점점 새로운 기쁨을 느낀다. 늘 듣기만 하던 나라면, 나를 표현하는 것이 어색하고 부끄러웠던 나라면 이제는 목소리를 한 번 높여보자. 나 중심으로 생각해도, 말 좀 끊어도 괜찮다고 되뇌어보자.

대화에서 경청은 매우 중요하지만, 듣기만 하고 자기표현을 하지 않으면
관계의 불균형이 올 수 있다. 또 들어주기만 하면 자신도 피곤해져 그 관
계가 오래가지 못한다. 진심으로 경청하고 나도 내 진심을 이야기하자.
무엇보다도 서로의 진심이 통하는 것이 가장 좋은 소통이다.

03

영혼 없는 공감 말고
질문을 해볼 것

오랜 시간동안 상대를 맞춰주는 커뮤니케이션을 하며 살아오다 보니, 요즈음은 그런 대화법이 유독 귀에 거슬린다. 나도 참 많이 맞장구를 치며 대화해왔고 지금도 그렇게 살고 있지만, 맞장구의 부작용에 대해 이야기해보려 한다.

친구 중에 공감과 맞장구의 정도가 조금 넘어선 듯한 친구가 있다. 이야기를 진지하게 잘 들어주고, 맞장구를 정말 잘 쳐줘서 이 친구랑 이야기하는 것을 참 좋아하는데, 어느 순간부터는 영혼이 없게 느껴졌다. 친구가 대화할 때 기계처럼 자주 쓰는 말이 있다.

"아, 무슨 말인지 알겠어!" "어어~ 뭔 말인지 알아."

처음에는 내 맘을 딱 알아주는 것 같아 시원한 느낌이 있었는데, 계속 반복되니 '벌써 내 마음을 알까?' '정말로 알까?'라는 생각이 들었다. 아직 본론으로 들어가지도 않았는데 "무슨 말인지 알아"라고 하니, 차라리 '아직은 잘 모르겠는데, 정말 궁금하다'라는 마음으로 들어주었으면 하는 마음이 더 커졌다.

나에 대해 잘 알아주는 건 고맙지만, 내가 하려는 이야기, 내 마음까지 섣불리 판단해버리는 건 싫다. "아 뭔지 알겠어"라는 말보다 "아 정말?" "아 그랬구나!" "그래서 어떻게 됐어?"라고 난생 처음 접하는 것처럼 흥미진진하게 내 이야기를 들어주고, 나를 알아가줬으면 좋겠다.

철학적 용어에 '에포케(epoche)'라는 말이 있다. '판단 중지'라는 뜻이다. 대상에 대해 선입견이나 습관적인 이해, 기존의 관점을 배제하고 판단을 중지한 상태에서 보자는 것이다. 자신의 생각과 경험을 버리고 'here and now', 바로 지금, 여기에 집중하기 위함이다.

나는 심리상담을 공부할 때 에포케를 배웠다. 상담에서 내담자의 이야기를 들을 때도 절대로 섣불리 공감하거나 이해해버리지 말고, '판단 중지'한 상태에서 그 시간, 그 상황, 그 사람에 집중해서 경청해야 한다는 것이었다. 그렇지 않으면 '이 사람이 이런 성향인가 보다, 이런 문제가 있겠구나, 나도 그런 경험이 있는데, 이런 마음이겠구나'라고 속단하며 그 상대의 본질을 보지 못할 수도 있기 때문이다.

에포케를 이해하는 것과 실천하는 것은 또 달랐다. 머리로는 쉽게 이해가 되고 납득이 되지만 우리는 이미 수많은 경험과 생각과 판단에 길들여져 있기 때문에, 그 모든 것을 중지시키고 처음 세상을 마주하는 사람처럼 있는 그대로 무언가를 바라보는 것은 쉽지 않다.

상담실습을 할 때, 나의 판단들을 버리고 내담자의 이야기에만 집중하며 경청하려 했다. 하지만 '오, 이 사람 나랑 비슷하네. 나도 저런 성격 때문에 힘들었는데. 맞아 맞아. 아마 이런 마음이었을 거야'라는 많은 생각이 들면서 내담자의 말에 너무 쉽게 맞장구쳐주고, 이해해버렸다. 첫 상담실습의 녹음기록을 들어보니 상대의 말이 끝나기도 전에 지나치게 공감해버리고, 내담자의 말이 막힐 때는 심지어 대신 예측해서 말해주고 정리까지 해주는 실수를 범했다. 그것은 내 몸에 밴, '판단과 예측'으로 가득 찬 나의 습관이지 '진정한 공감'은 아니었다.

장자는 이런 말을 했다.

"진정한 공감은 혼신을 다해 듣는 것. 이것은 신체의 기능이나 마음으로만 듣는 것이 아니다. 그러므로 모든 기능적인 것을 비울 필요가 있다. 그런 기능적인 나의 모든 것이 비워졌을 때, 그때에는 온전한 존재로써 듣게 된다."

판단하지 않고 나를 비우는 태도가 진정한 공감을 만든다. 그러고 보니 그 친구만 탓할 것이 아니다. 나 역시 "아 맞아, 맞아!" "그러게 말이야" "나도 그랬어!"라며 모든 몸짓과 표정과 목소리로 섣불리 상대를 이해한다고 했던 것 같다. 단 한 번이라도 나의 지식과 경험과 판단을 비우고, '지금 이 순간'에 몰입해서 상대의 진심에 깊이 들어가본 적이 있었을까.

'공감이 중요해'라고들 하지만 섣부른 공감, 너무 쉬운 공감은 오히려 독이 될 수 있다. 내가 쉽게 내리는 판단은 오히려 오해를 불러일으키고 깊이 알 기회를 방해할 수 있기 때문이다. 내 앞에 있는 이 고귀한 존재를 결코 내 판단의 지배 아래 둘 수 없다는 사실을 잊지 말아야 한다. 예를 들면, 연인과 헤어진 이야기를 하며 슬퍼하고 있는 친구에게 "그래, 나도 알아. 헤어지면 늘 그렇더라. 나도 그때 헤어졌을 때 그랬잖아!" 하면서 섣불리 내 경험을 빗대 이해한다고 말하는 것은 별로 위로가 되지 않는다.

"아휴, 그런 큰일이 있었구나. 얼마나 마음이 아팠을까? 지금은 마음이 어때?"

"혹시 헤어지기로 결심했던 이유가 있었어?"

"그렇게 힘들어하는 줄도 몰랐네…. 그 후로 좀 괜찮아졌어?"

이렇게 마음을 충분히 받아주면서 상대가 자신의 마음을 털어놓을 수 있도록 부드럽게 질문해주면 좋다. 그러면 상대는 자신의 이야기를 온전하게 털어놓으면서 위로도 받고 자기감정을 다시 살펴볼 수도 있기 때문이다.

단, 여기서 주의할 것은 취조하듯 질문을 이어나가거나, 내가 궁금해서 캐묻는 질문을 해서는 안 된다는 것이다. 상대가 이야기할 시간을 충분히 주고 경청하다가 침묵이 생겼을 때 여유를 가지고 질문하는 것이 좋고, 내가 개인적으로 궁금한 것보다 상대가 마음을 털어놓고 문제를 해결해 가는 데 도움이 되는 질문을 하는 것이 좋다. 내가 육아에 시달려서 "육아가 너무 힘들어. 나는 좋은 엄마가 되기 어려운 것 같아"라며 하소연하면 "그래 맞아. 애 키우는 게 다 그렇지 뭐"라고 일반화하며 다들 겪는 거라고 말하지 않았으면 좋겠다.

"많이 힘들구나. 무슨 일 있었어?"
"그래서 어떻게 했어?"
"아이에게 많이 미안했구나."
"많이 속상했을 것 같아. 어땠어?"
"아이고…. 정말 쉽지가 않다. 앞으로 어떻게 하는 게 좋을까."

이렇게 나의 마음을 더 자세히 살펴봐주면 좋겠다. 너무 섣불리 공감하지 말고, 내 감정을, 내 생각을, 내 경험을 진심으로 궁금해해줬으면 좋겠다. 영혼 없는 맞장구보다 '진심어린 질문'을 받고 싶다. 관심 갖고 물어봐주고, 걱정해주고, 같이 고민해주면 좋겠다.

나 또한 기계적으로 해왔던 공감, 잘한다고 착각했던 공감의 습관들을 버리려 애쓰고 있다. 처음 만난 사람, 처음 듣는 이야기인 것처럼 새롭게 듣고, 새롭게 느껴보려 한다. 그러면서 궁금해지는 것들을 하나씩 물어보고 싶다. 그리고 더 깊이, 소중하게, 상대를 알아가고 싶다.

질문이 없는 삶은 정체되지만
질문이 있는 삶은 발전을 이끌어낸다.

— 롤프 도벨리

=== Detail Tip ===

공감은 흔히 생각하는 맞장구나 섣부른 이해가 아니다. 나의 판단을 중지하고 나의 생각과 경험을 비운 상태에서 온전히 그 사람이 되어보는 것, 그래서 그 사람의 마음을 충분히 느끼는 것이 공감이다. 급하게 맞장구치거나 나도 그렇다고 말하는 대신, 상대의 마음에 호기심을 갖고 천천히 조심스럽게 질문을 던져보자. 내가 생각했던 것, 그 이상을 알게 될 것이다.

04

가끔은 나를
노출하는 모험도 필요해

커뮤니케이션 강의를 할 때 많이 요청받는 부분, 그리고 많이 질문을 받는 부분이 어색함을 깨는 대화법이다. 업무에서뿐만 아니라 일상에서도 끊임없이 사람들을 만나고 대화를 통해 관계를 맺어가기 때문에, 대화를 어떻게 시작하고 어떻게 이어갈 것인지가 다들 고민인 것이다. 또 이미 알던 사이어도 대화에서 침묵이 흐르면 금세 어색해져서 무슨 말로 이 정적을 깨야 할지 고민일 때가 많다.

그런 분들에게 나는 '두 마디 대화법'을 소개한다. 보통 "안녕하세요!" 하고 인사까지는 상냥하게 잘하는데 그 이후에 무슨 말을 해야 할지 몰라 늘 인사만 하는 사이가 많을 것이다. 출근길 회사 입구에서 만난 타 부서 팀장, 아파트 엘리베이터에서 만난 윗집 아주머니 등, 반갑게 인사는 하지만 그 이후 말없이 엘리베이터가 빨리 올라가기만을 기다리지 않는가. 그때 "안녕하세요!" 다음에 한 마디 더 붙이는 것을 '두 마디 대화법'으로 소개했다.

"안녕하세요. 오늘 아침에 갑자기 비가 와서 출근길에 고생하셨죠?"
"안녕하세요. 아이는 요즘 학교 잘 다니고 있나요?"

이렇게 한 마디만 더 붙이는 것이다. 그러면 그 한 마디에서 끝나지 않고 상대도 답변하고 이야기하면서 결국 꼬리에 꼬리를 물고 대화가 이어지게 된다. 그러면 어떤 말을 한 마디 덧붙일 것인가. 나는 세 가지를 이야기했다.

첫째로, 가장 좋은 것은 상대의 관심사다. "안녕하세요, 새롭게 시작한 사업은 잘 진행되고 있나요?" 이와 같이 상대가 관심을 기울이고 있는 부분을 물어보면 신이 나서 이야기할 것이다.

둘째는 용모의 변화다. 관심사를 알 만큼 상대와 깊은 사이가 아니라면 바로 눈에 보이는 것들로 한 마디를 덧붙일 수 있다. "안녕하세요, 오늘 의상이 엄청 화사한데요!" "안녕하세요. 헤어스타일이 바뀌었네요. 짧은 머리도 정말 잘 어울리세요!" 상대도 칭찬이나 관심으로 느껴져 기분 좋게 대답할 것이다.

셋째는 일반적인 이슈다. 처음 만났거나 공감대가 아직 없는 사이라면 날씨나 정치, 경제 등 일반적인 이슈로 공감대를 형성하는 게 좋다. "날씨가 갑자기 추워졌네요. 오는 길 괜찮으셨나요?" "요즘 올림픽 때문에 나라가 들썩들썩하네요. 어제 한국 결승전 보셨어요?" 이런 식으로 무난하게 대화의 물꼬를 틀 수 있다.

이는 실제로 내가 오랫동안 실천해보았던 방법이고, 붙임성이 썩 좋지 않았던 나에게 큰 도움이 되었다. 두 마디 대화법을 실천하면서 점점 넉살이 좋아지고, 인사만 하던 회사의 여러 사람들과도 꽤 친밀해지게 되었다. 또 대화를 주도해갈 수 있는 힘을 키운 것도 사실이다.

그런데 요즘 이런 커뮤니케이션에 스스로도 느끼는 한계가 있다. 대화의 물꼬는 트지만 관계가 깊어지는 대화까지 이르지 못한다는 것이다. 상냥하지만 거리가 느껴지는 대화, 웃고 있지만 마음은 열지 않는 대화, 그것이 나의 대화 방식이었다. 적당한 선, 적당한 거리를 항상 유지하고 있어 사람들이 내게 쉽게 다가오지 못하는 듯했다.

그러나 나의 벽을 스르르 무너뜨린 사람이 있었다. 그녀는 처음 보는 내게 자신의 가장 깊고 아픈 부분을 이야기했다. 하던 일 모두 그만두고 사람들을 피해 조용한 곳에서 새로운 삶을 시작한 사연과 아픔, 상처를 털어놓았다. 그이야기에 빠져들며 내 마음은 무장해제되었다. 그리고 같이 눈물이 났다. 처음 만났지만 몇 년을 알고 지낸 것 같은 친밀함을 느꼈다. 솔직하고 투명한 그녀가 사랑스럽게 느껴졌다.

나는 참 불투명했던 것 같다. 상냥하고 친절하게 일반 이슈, 날씨, 관심사에 대한 대화를 공식처럼 풀어냈다. 물론 틀렸다고 할 수는 없지만, 내가 진정 원하는 것은 능숙한 대화 스킬이 아니라, 마음과 마음이 닿는 따뜻한 관계 아닌가.

더욱 친밀한 관계를 위해서는 나를 좀 더 노출하는 모험이 필요하다는 생각이 들었다. '친밀해지려면 시간이 필요해' '나는 아직 마음이 열리지 않았어' '처음 만난 사람한테 가족이야기까지 할 필요 없잖아' 이런 고집스러운 마음들 좀 내려놓고, 나의 정보를, 나의 감정을, 나의 사연을, 나의 가치관을 좀 열어 보이면 어떨까. 꼭 오랜 친구가 아니더라도, 나의 진짜 모습을 알아주는 사람이 많아지는 건 좋은 게 아닐까.

그러면 어떤 주제로 이야기를 하면 좋을까. 그동안 안전한 거리를 유지시켜주는 주제에 머물렀다면, 이제 거리를 좁혀주는 주제로 확장해보자.

안전한 거리의 주제	거리를 좁히는 주제
날씨	오늘 나의 기분
용모의 변화	내 신상의 변화
사회적 이슈	나의 고민, 관심사
주변인 안부	자녀, 배우자, 부모 이야기
업무 이야기	나의 인생관/가치관
취미, TV 프로그램	연애, 상처
주말, 휴가	비전, 꿈, 계획

나는 오래 알고 신뢰하는 사람들에게는 깊은 이야기들

을 많이 했지만, 그 외에는 늘 감정적 거리를 안전하게 유지시키는 주제에만 머물렀던 것 같다. 그래서 관계가 더 친밀해지지 못하고 사람들이 나를 어려워했던 것이 아닐까.

좀 더 어렸을 때는 나는 나의 진솔한 이야기들을 쉽게 잘 꺼냈었다. 그때 가족 이야기에 사람들이 마음을 많이 열어주었던 기억이 있다. 어릴 적 부모에게 받았던 상처, 가정의 위기, 가난, 아버지와의 사별 등, 가슴 아팠던 어린 시절을 이야기하면 많이 힘들었겠다며 나를 다독여주었다. 많은 사람들이 가족 안에서 각자의 사연과 상처를 가지고 있게 마련이어서, 그들도 나의 아픔에 공감하며 자신이 겪었던 어려움들을 진솔하게 이야기해주었다.

그리 자주 본 사람은 아니었는데 최근에 만났을 때 "결혼 앞두고 의견차이가 좀 있어요"라고 살짝 내비치기에, 내가 결혼 직전에 마주했던 위기와 그 위기가 후회 없는 결혼을 위해 꼭 필요하다고 깨달았던 에피소드를 이야기한 적이 있다. 그러자 상대도 마음이 열려 자세한 이야기를 털어놓았다. 내가 먼저 나를 노출함으로써 우리는 '결혼, 배우자, 사랑, 가치관' 등 중요한 고민을 나눌 수 있는 사이가 되었다. 고민을 털어놓으며 조언을 구하는 것도 좋은 방법이 된다.

"이런 이야기 부끄러운데, 고민이 돼서요. 요즘 다섯 살 딸아이가 저에게 자꾸 화를 내요. 왜 그러냐고 물으니까 자기도 그러고 싶지 않은데 저에게는 자꾸 짜증을 내게 된대요. 아무래도 어릴 때부터 계속 떼놓고 직장을 다니니까, 저에게 사랑받지 못한다는 마음이 쌓여 있나 봐요. 어떻게 하면 좋을까요? 그렇다고 갑자기 회사를 그만둘 수도 없고. 이렇게 오래 직장생활 하시면서 아이 셋을 어떻게 키우셨어요?"

"패기 넘치게 사업을 시작했는데, 각오는 했지만 생각보다 위기가 너무 많네요. 당장 직원 월급이 걱정이에요. 이렇게 버틸 수 있을까 걱정도 되고, 자신감도 점점 없어지고. 사업 초기에 어떻게 견디셨어요? 제가 무엇부터 하면 좋을까요?"

이와 같이 자신의 중요한 고민을 이야기하고, 더 나아가 상대에게 조언을 구하면 상대도 적극적으로 이 고민에 참

여하게 된다. 문제를 해결할 한 팀이 되는 느낌을 가질 수 있어 거리를 좁히는 데 도움이 된다.

자기 노출의 내용은 자기 자랑보다는 고민이나 어려움에 대해 이야기하는 것이 감정적 거리를 좁히는 데 도움이 된다. 하지만 꼭 궁상맞은 이야기를 하거나 나의 아픔을 애써 꺼낼 필요는 없다. 내가 푹 빠져 있는 취미 활동이나 이직에 대한 고민, 구상하고 있는 사업 등에 대해서 이야기하면서도 나를 진솔하게 드러낼 수 있다.

때로는 의식적으로 마음을 열지 않아도 빗장이 스르르 풀릴 때가 있다. 상대와 감정이 맞닿는 순간이다. 그때는 이런 주제들을 의식할 것 없이 나의 마음에 나의 입술을 맡기면, 그 관계를 특별하게 엮어주는 많은 이야기들이 나온다. 어릴 적 이야기, 삶의 굴곡, 상처를 통해 깨달은 삶의 이치, 나의 신념, 나의 꿈, 나의 행복 등. 나 역시 자연스럽게 마음이 무장해제되어 두 번째 만남에서 오랜 친구 못지않게 끈끈하게 엮인 소중한 인연이 있다.

마음을 너무 닫아두지 말자. 나도 노출이란 것을 좀 해보자. 사람들이 나에 대해 아는 것을 너무 꺼려하지 말자. 내 사람과 아닌 사람의 경계를 너무 엄격하게 두지 말고 누구든 울타리 안에 드나드는 것을 허용해보자. 밖에서도 보이게 창문 좀 활짝 열어보자. 생각지도 못했던 소중한 인연이 찾아올지도 모른다.

=== Detail Tip ===

주변 사람들과 관계의 거리를 적당히 잘 유지해왔다면, 이제 거리를 좁히는 데 도전해보자. 지금까지 안전한 주제로 무난한 대화를 해왔다면, 과감한 주제로 깊은 대화를 해보는 것이다. 가족, 연애, 관심사, 정치적 성향, 진지한 고민, 상처, 비전과 계획 등을 이야기하며 나를 노출해보자. 가끔은 관계에도 변화가 필요하다.

05

표현할 때 따라오는
소소한 행복이 있다

　그동안 내 마음보다 상대의 마음을 더 생각하는 것이 습관이 되었다. 방송 출연자들의 비위를 맞추고 눈치를 보며 최상의 컨디션으로 끌어내야 했던 나의 직업병이 일상에까지 이어진 것이다. 이렇게 말하면 상처받을까, 이거 부탁하면 불편해할까. 이야기할까 말까, 안 하는 게 낫겠지. 아주 사소한 것에도 늘 중심은 상대였다.

　방송국에서 '원고를 수정해달라고 하면 작가가 기분 나빠할까', 식당에서 간이 싱거울 때 '소금을 달라고 하면 맛이 없는 거라고 생각할까', 택시에 탔을 때 '에어컨을 꺼달라고 하면 기사님이 너무 더우실까', 그런 생각을 하며 웬

만하면 그냥 참고 넘어갔다. 지나친 배려였다. 내가 이 말을 한다고 해서 상대가 엄청 상처받거나, 안 한다고 해서 상대가 행복한 것도 아니다. 나의 생각을 말하고 서로 그에 대해 반응하고 맞춰갈 뿐이다. 혹시 우려된다면 표현을 부드럽게 하면 된다.

대구에서 강의가 있어서 열차를 타고 가던 길이었다. 승객 좌석 확인을 위해 지나가고 있는 승무원에게 한 남성이 "저기, 핸드폰 충전 좀 해주세요"라고 당당하게 요구했다. 뒤에서 보고 있던 나는 조금 황당했다. 항공사 같은 서비스가 제공되는 곳도 아니고, 특실도 아니었으며, 승객들도 많았다. 이 많은 승객들의 요구를 다 들어주기도 어려울 것이고, 열차에도 휴대폰 충전하는 곳이 따로 있을 텐데 승무원에게 너무 당연한 듯 요구하는 것이 좀 무리하게 느껴졌다. 그런데 승무원은 "아, 휴대폰 충전 필요하세요? 충전 완료되면 가져다드리겠습니다" 하면서 너무도 친절하게 받아주는 것이었다. 신선한 충격이었다. 그 남성이 좀 무례하다고 생각했던 나의 생각에 일침을 가하는 듯했다. 그 남성은 휴대폰 충전이 꼭 필요했고, 필요한 것을 직원에게 당당하게 이야기하는 것이 무엇이 잘못되었단 말인가.

나는 그런 것을 요구하기 전에 '될까, 안 될까', '무례한가?' '상대가 귀찮으려나?' 등 자동적으로 수많은 생각을 했다. 왜 그렇게 많은 생각을 했을까. 누구 눈치를 그렇게 봤을까. 눈치 봐서 득이 되는 게 있었을까. 내 머릿속에 있는 검열관을 없애고, 나도 내 생각, 내 목소리, 내 요구, 그냥 편안하게 흘려보내면 안 될까.

일식집에서 냉모밀을 주문했다. 작은 접시에 따로 덜어주는 고추냉이와 잘게 썬 파, 잘게 갈린 무를 모두 넣고 골고루 섞어 먹었다. 시원하고 맛있었는데 고추냉이와 무를 아주 조금만 더 넣으면 더욱 감칠맛이 날 것 같았다. 평소 같으면 이대로도 맛이 괜찮으니 그냥 먹으면서 조금 아쉬워했을 텐데, 원하는 것을 참지 말고 말하는 연습을 하기로 했던 나는 "여기요! 고추냉이랑 무 좀 더 주세요"라고 이야기했다. 직원은 곧 "네! 이 정도면 될까요?" 하며 친절하게 고추냉이와 무를 넉넉히 가져다주었다. 조금 더 넣고 섞자 고추냉이의 알싸한 맛과 무의 시원한 맛이 입 안 가득 퍼졌다(아 그렇지, 바로 이 맛이지). 정말 사소한, 남들에겐 아무것도 아닌 당연한 것이었겠지만, 나는 말하기로 결심한 내 자신이 뿌듯하게 느껴졌고, 입안에서 퍼지는 개운한 맛에 소소한 행복을 느꼈다.

일을 할 때도 하나씩 표현하기 시작했다. 큰 시상식을 진행할 때는 무대 위의 상황을 확인하면서 원고를 끊임없이 넘기고, 한 손에는 펜을 들고 수상자명을 체크해야 한다. 마이크를 한 손에 들고 나머지 한 손으로 이 일을 했다가는 원고를 넘기기가 힘들 때도 있고, 수상자 체크를 놓치는 경우도 있어, 자칫 중요한 행사에 큰 오점을 남길 수도 있다. 그래서 시상식 진행의 경우 꼭 스탠드마이크로 준비해달라고 미리 이야기한다. 현장에서 스태프가 "스탠드 마이크가 없어서 그냥 핸드마이크로 해주세요"라고 대수롭지 않게 이야기하는 경우도 있다. 그럴 때 나는 그냥 그렇게 넘어가지 않고 나의 상황을 설명해서 반드시 준비해주셔야 한다고 정중하게 이야기한다. 그러면 어떻게든 마련해준다. 그냥 넘어갔으면 모두 내가 감내해야 하는 불편함이고, 어쩌면 큰 행사를 망칠 수도 있다. 내가 필요한 것들을 미리 정확히 요구해야 실수 없이 모두가 원하는 행사로 만들 수 있다.

'암전 때는 미리 사회자석에 작은 조명을 준비해주세요' '공연 끝나고 MC 무대 등장할 때 마이크는 미리 켜주세요' '큐카드는 두 쪽 보기로 준비해주세요' 등 이제는 세세하게 요구하는 것이 많다. 상대는 나를 '까다로운 아나운서'라고 생각할지 모르지만, 그렇게 해야 내가 최고의 성과를 낼 수 있고, 그것이 오랫동안 무대를 준비해온 수십 명 스태프에 대한 보답이기도 하다. 다른 사람 눈치 보며 불편한 가운데서 적당히 일을 끝내는 것보다, 구체적으로 요구하고 좋은 환경을 만들어서 최고의 성과를 내는 것이, 나에게도 주변 사람들에게도 훨씬 더 값진 일이 될 것이다.

요구하기 전에 망설여진다면 이 세 가지를 적용해보자. 첫째, 내가 할 수 있는 요구인가. 둘째, 상대에게 너무 무리한 것은 아닌가. 이 두 가지에서 아무 문제없이 통과했다면 셋째로 '부드럽게' 표현해보자.

예를 들어 택시를 탔을 때 창문을 열어달라든지, 조금 천천히 가달라, 에어컨을 꺼달라 등은 승객으로서 내가 할 수 있고 상대도 무리 없이 들어줄 수 있는 것이다. 그러면 망설이지 말고 부탁하자. "아저씨, 에어컨 좀 꺼주세요"라고 할 수도 있지만 대신에 "기사님, 제가 추위를 좀 많이 타서, 에어컨 잠시만 꺼주실 수 있을까요?"라고 하면 훨씬 부드럽다. 열차에서 "핸드폰 충전 좀 해주세요"보다는 "혹시 핸드폰 충전이 가능할까요?"라고 하면 더 좋다. 명령형으로 말하지 말고 상대가 선택할 수 있게 '열린 질문'으로 물어보면, 무례하다거나 무리한 요구라고 생각하지 않는다. 상대도 거절할 수 있는 여지가 있기 때문이다. 하지만 대부분은 거절하지 않고 오히려 기분 좋게 들어준다.

눈치 보고 참는 것만이 능사는 아니다. 식당에서 아쉬워도 참고 다시 안 가는 것보다 나에게 필요한 것을 요구해 맛있게 먹고 다시 찾는 것이 식당 주인에게도 좋을 것이다. 열차 승객이 기분 좋게 서비스를 누리고 승무원에 대한 친절한 인상을 갖기를 철도회사도 원할 것이다. 다른 부서에 업무요청을 해서라도, 내가 맡은 프로젝트를 성공적으로 마무리하는 것이 나도 위하고 회사도 위하는 것이다. 그동안 참아왔던 수많은 요구들이 조금씩 소리 낼 수 있도록 통로를 열어주면, 그 통로로 소소한 행복이 들어오기 시작한다.

무리한 요구가 아니라면, 참지 말고 부드럽게 부탁하는 연습을 해보자.
생각보다 상대가 기꺼이 들어주는 것을 여러 번 경험하고 나면 소소한
것들을 표현하는 것에 자신감이 생길 것이다.

06

1일 1표현,
표현도 습관이다

    나도 사람들 앞에 나서기가 편한 사람은 아니었다. 학창 시절에는 수업 때 손을 든 적이 별로 없고, 내 발표 차례를 기다리면 가슴이 터질 것처럼 심장이 뛰었다. 그런 내가 대학생 때 아나운서가 되기로 꿈을 꾸면서 결단한 것이 있었다. 스피치 훈련을 위해 모든 조별 프로젝트의 발표를 내가 나서서 하는 것이었다. 대부분 발표는 꺼려하기 때문에 함께하는 이들도 나의 자원을 환영해주었다. 또 연극동아리에 들어가 관객 앞에서 연기를 했고, 토론대회에 나가 논리적으로 설득하는 훈련을 했다.

    나의 울렁증은 그때 많이 극복되었다. 발표력도 전달력

도 많이 다듬어졌다. 그러다 보니 학교 행사에서 사회를 볼 기회가 많아졌고, 언제부턴가 수많은 사람들 앞에서 이야기를 하는 것이 점점 편안해졌다. 가끔 스포트라이트까지 더해지면 짜릿하기도 했다.

지금 돌아보면, 그때 모든 발표를 나서서 하자고 스스로에게 약속했던 내가 참 고맙게 느껴진다. 학교에서 차곡차곡 그 시행착오를 쌓지 않았다면, 내가 사람들 앞에 서는 것, 나의 생각을 표현하는 것, 자신감 있게 말하는 능력을 갖기까지 꽤 오랜 시간이 걸렸을 것이다. 모든 것이 그렇듯 표현도 습관이다. 늘 참는 사람은 참고, 늘 말하는 사람은 말하는 이유도 그 때문 아닐까.

당당하게 표현하는 내가 되기로 결심했다면 1일 1표현을 실천해보자. 무엇이든 하루에 하나는 내 마음을 표현하기로 나와 약속하는 것이다. 사소한 것부터 재미있게 시작하면 어렵지 않게 자기표현에 익숙해질 것이다. 모든 순간을 표현의 기회로 삼아보자.

• 아침

남편이 먼저 출근하면서 바빠서 인사도 한 체 만 체 집을 나가버린다. 그것이 좀 서운하지만 '하루 이틀도 아니고, 살면서 매일 애틋하게 인사할 수도 없는 노릇이지 뭐' 하며 참아왔다면, 오늘은 한 마디 건네어본다.

"여보, 나는 당신이 출근하기 전에 내 눈 보면서 인사하고 가면 기분이 좋더라."

표현할 때 주의점은 "왜 항상 인사도 안 하고 나가버려?!"라고 분노를 표출하는 게 아니다. 내가 느끼는 것, 내가 바라는 것을 구체적으로, 되도록 부드럽게 이야기하는 것이다.

• 상사에게

여름 휴가철이 코앞으로 다가왔는데 팀장은 휴가 일정에 대한 논의가 전혀 없다. 이번 휴가는 온가족이 함께 하기로 해서 모두 나의 스케줄만 눈 빠지게 기다리고 있는 상황. 다들 입 다물고 있어서 먼저 이야기 꺼내기가 눈치 보인다. 몇 주 동안 말 못하고 기다리기만 했다면 오늘 한 번 말해보자.

"팀장님, 혹시 우리 팀 휴가일정은 언제쯤 잡나요? 이번에 가족들과 다 같이 가기로 해서 일정조율이 필요해서요."

그러면 의외로 "아 맞다. 날짜가 벌써 그렇게 됐구나. 잡아야지!"라는 대답이 돌아올 수도 있다. 혹은 "실은 7월 말에 우리 프로젝트 심사 날이어서, 휴가 일정을 어떻게 해야 할지 고민 중이야"라고 이유를 설명해줄 수도 있다. 설사 "좀 기다려!"라고 퉁명스럽게 돌아온들 어떠한가, 내 속이 타겠는데.

• 점심시간

기다리던 점심시간. "오늘 뭐 먹지?"라는 동료들의 고민에 "아무거나 좋아요!" "선배님 뭐 드시고 싶으세요?"라고 말하는 대신에, "오늘 비가 와서 뜨끈한 짬뽕 먹고 싶어요! 어떠세요?"라고 명쾌하게 한번 이야기해본다. 매일은 아니더라도 한 번씩은 내가 먹고 싶은 것도 좀 먹어보자. "어떠세요?"라고 덧붙이면 독단적인 느낌을 줄일 수 있다.

• 연인에게

데이트를 하고 나면 항상 남자친구가 집 앞에 바래다주는 연인. 이제는 그것이 자연스럽고 당연할 수도 있지만, 오늘은 새삼스레 고마운 마음을 전해본다. "매번 이렇게 바래다줘서 고마워. 예전에 혼자 집에 올 때 무서웠는데, 지금은 너무 든든해"와 같이 말하면 상대도 그동안의 피로가 사라지지 않을까. 꼭 어떤 요구사항을 표현해야 하는 것은 아니다. 당연하다고 느껴 표현하지 않았던 것들을 솔직하게 꺼내는 것만으로도 소중한 표현이 될 수 있다.

매순간 표현하려고 신경 쓰면 부담스러울 수 있지만 '하루에 딱 한 번만!'이라고 생각하면 부담 없이, 재미있는 미션으로 해볼 수 있다. 그렇게 미션 수행에 하나씩 성공하다 보면 어느새 습관이 되어, 그때그때 드는 마음을 누르지 않고 자연스럽게 표현할 수 있게 될 것이다.

표현한다는 것은 참 중요하다. 표현은 내 감정과 욕구를 마음에 묵혀두지 않고 길을 열어주는 것이다. 그것이 생명력 있게 살아나야 나다운 모습으로 살 수 있고 다른 사람들과 균형 있는 관계를 맺을 수 있다. 그렇게 하려면 매일 조금씩 길을 내야 한다. 1일 1표현, 오늘은 누구에게 무엇을 표현해볼까.

건강하게 나를 표현하는 사람이 되기로 결심했다면, 1일 1표현을 미션으로 수행해보자. 그동안 참았던 불편한 감정이나 요구사항도 좋고, 새삼스러워 전하지 못했던 고마움이나 미안한 마음도 좋다. 내가 하고 싶은 말이 있는데 속으로만 생각하고 있다는 느낌이 들 때 이 미션을 수행하면 더욱 효과가 좋다. 표현이 습관이 되면 표현하는 방법도 더 세련되게 다듬어질 것이다.

07

떨리는 마음,
솔직하게 말해도 괜찮아

    대학원 동기 중에 수업에서 첫 발표를 할 때 너무 긴장되고 떨려서 울어버린 사람이 있었다. 어릴 적 발표할 때 못한다고 선생님께 혼났던 적이 있어 사람들 앞에만 서면 너무 두렵다고 했다. 상담심리학과답게 사람들은 그녀에게 휴지를 건네며 위로와 응원을 보내주었다. 3학기째 그녀는 조금 달라졌다.

    "제가 첫 학기 때 발표하다 울었는데요(웃음), 사실 지금도 많이 떨려요. 힘낼 수 있게 저한테 박수 한 번 쳐주실래요?"

    그러자 사람들이 우레와 같은 박수를 보내주었다. 그녀는 긴장한 듯 보였지만 힘내서 발표를 잘 마쳤다. 또 다른 사람은 상담 사례 발표에서 발달장애가 있는 자기 자녀의 이야기를 다루었다. 그녀는 시작하면서 "사실 정말 하기 싫었고 두려웠는데요, 이겨내야 한다고 생각했고, 언젠가는 건너야 하는 강이라고 생각했어요. 용기 낸 저에게 박수 좀 보내주세요!"라고 했다. 마치 어려운 일을 해내기 전 스스로에게 기합을 넣는 것 같았다. 두렵고 떨리는 마음을 솔직하게 표현하고, 용기를 낸 자신에게 박수를 쳐달라고 당당하게 이야기하는 모습이 정말 멋졌다. 솔직하게 떨리는 마음을 고백한 이들에게 나는 마음이 활짝 열렸다. 수줍게 시작하는 모습에 마음속으로 '힘 내!'라고 외치며, 한 마디 한 마디를 조심스럽게 받아냈다.

대부분의 사람들은 앞에서 말할 때 떨지 않고 싶어 한다. 그리고 떨리는 걸 보여주고 싶어 하지 않는다. 물론 나 역시 그렇다. 생방송을 몇 년 동안 떨지 않고 잘해놓고도, 대학원 수업 발표에서 심장이 터질 듯 떨릴 때가 있다. 낯선 모임에서 자기소개가 너무 긴장돼 목소리가 떨릴 때가 있다. 그럴 때 속으로 '아나운서라는 사람이 발표할 때 떨면 정말 촌스럽겠지?' 하고 애써 떨리는 마음을 감추려 애쓴다. 그래서 더더욱, 떨리는 마음을 솔직하게 표현하는 사람들을 보면 참 멋지고 용감하게 느껴진다.

그렇게 솔직하게 고백을 한 이들은 오히려 마음이 편안해져 더 자연스럽게 이야기를 하게 된다. 이미 털어놓았기 때문에 실수해도 받아줄 것이라는 믿음이 생기고, 실제로 청중들도 너그럽게 변한다. 그런데 떨리는 마음을 감추고 혼자만 간직하면 더 떨리고 더 부담스럽다. 내 긴장이 드러날까 봐 두려워 내용에 집중하지 못한다. 떨리는 자기 목소리가 귀에 들리면 더 떨게 되고, 한 번 실수라도 하면 심장이 쿵쾅거려 자신이 무슨 이야기를 하고 있는지도 모르게 된다. 그야말로 '말리는 것'이다.

떨리는 목소리로 "저 지금 떨고 있죠?"라며 배시시 웃던 발표자가 있었다. 그 인간적인 모습에 마치 학예회에서 부모가 자녀의 발표를 보듯이 응원하는 마음으로 바라보게 되었다. 그렇게 마음이 열리면 잘해도, 좀 부족해도 박수를 보내게 된다. 긴장을 감출 수 없을 때는 "너무 긴장이 돼서 지금 손까지 떨리는데, 물 한 잔만 마시고 시작하겠습니다"라고 털어놓으며 물을 한 모금 마시는 것도 좋은 방법이다. "앞에 나오니까 정말 백지상태가 되네요. 잠깐 저 심호흡 좀 하고 시작해도 될까요?" 하고 크게 심호흡을 하면 나도 편안해지고 사람들도 솔직한 그 모습에 웃으면서 여유를 함께 나눌 수 있다.

하지만 조심해야 할 것도 있다. 처음부터 끝까지 떨린다는 말을 너무 많이 한다든지, 자신의 부족한 상황에 대해 지나치게 낱낱이 이야기하는 것은 좋지 않다. 발표자가 제대로 준비하지 않았다는 느낌을 주어 신뢰를 잃게 만들기 때문이다. "시간이 부족해서"라며 허둥대는 사람이 많은데, 이건 자신이 시간에 맞춰 철저히 준비하지 못한 탓이다.

준비가 덜 된 사람은 떨리는 게 당연하다. 아무리 태연한 척하려고 해도 마칠 때까지 떨릴 것이다. 자기가 할 말에 대해 자신이 없기 때문이다. 한편, 철저하게 준비하고 열심히 준비해도 앞에 서면 떨릴 때가 있다. 그때는 솔직하게 말하고 나면 조금 편해진다. 내 마음을 열어 보이면 숨통이 트인다. 그 여유를 가지고 해야 준비한 것을 남김없이 잘 전할 수 있다.

발표할 때뿐 아니라 모든 커뮤니케이션을 부드럽게 할 수 있는 방법은 '솔직해지는 것' 아닐까. 떨리는 마음을 털어놓으면 그 짐을 나누어 가질 수 있어 덜 떨린다. 오해를 혼자만 가지고 있으면 병이 되지만, 솔직하게 이야기하고 나면 마음도 후련하고 함께 해결점을 찾아볼 수 있다. 나 자신에게 솔직해지면, 내가 '어떤 사람인 척'을 하지 않고 나답게 살 수 있다. '이 말은 어떻게 느껴질까' '이렇게 말하면 너무 없어 보이나?'라고 너무 많이 생각하지 말고 솔직함으로 정면승부를 해보자. 솔직함의 힘을 깨닫고 나면, 나의 말뿐 아니라 내 삶이 조금 더 자연스러워질 것이다.

═ **Detail Tip** ═══════════════════════

사람들 앞에서 이야기하는 것이 너무 긴장될 때는 그 떨리는 마음을 솔직하게 표현해보자. 많은 사람들이 그 긴장을 느껴보았기 때문에 마음을 열고 공감해줄 수 있다. 내가 열어 보인 마음과 그들의 열린 마음이 느껴지면 조금 더 편안하게 이야기할 수 있다. 떨릴수록 말은 천천히, 문장과 문장 사이에 쉼을 길게 두면 여유를 갖는 데 도움이 된다.

08

부러운 마음을
건강하게 흘려보내는 연습

'부러우면 지는 거다.'

농담으로 시작된 이 말이 마치 진리처럼 퍼져서 사람들이 부러운 감정을 자꾸 감추려는 것 같다. 루저가 되기 싫으니까. 하지만 그 말이 맞다면 루저가 아닌 사람이 있을까.

미국의 사상가 랄프 왈도 에머슨은 '부러움은 무식한 것이고 흉내 내는 것은 자살행위다'라고 했다. 『수련』의 저자 배철현 교수는 '자신에게 집중하는 훈련을 한 적이 없고, 자신을 가장 소중한 존재로 대접하지 못하는 사람이 남을 부러워한다'라고 말했다. 나는 그 말이 너무도 크게 와 닿았다. 각자 고유의 존재, 소중하고 특별한 존재로 태어났는데, 왜 자꾸 남과 비교하고 질투하고 부러워할까.

하지만 그 사실을 아는 것만으로 부러움을 내려놓기는 쉽지 않다. 사람은 끊임없이 다른 사람들과 부대끼며 지내기 때문에, 다른 사람의 재능과 환경을 자신의 것과 비교하게 된다. 요즘음처럼 소셜미디어로 타인의 삶을 속속들이 엿볼 수 있는 경우는 더욱 부러움에 노출되기 쉽다. 나 역시 친구가 세계여행 중인 사진을 보면 부럽고, 인정받고 잘나가면, 고상한 취미를 즐기고 있으면, 멋진 집에 살고 있는 걸 보면 부러웠다.

페이스북과 사람들의 행복관계에 대해 연구한 심리학자 에단 크로스는, 소셜미디어의 발달이 인간의 부러움을 극단적으로 키웠으며 '꾸며진 삶'의 폭격을 받고 있다고 말한다. 어느 임상심리학자는 이것을 '비교병'이라고 부른다.

문제는 많은 사람들이 부러운 감정에 솔직하지 않다는 것이다. 자기감정을 인정하지 않고 숨겨버리면 엉뚱한 감정으로 둔갑해버린다. 그래서 부러움이 둔갑해 비난이 되기도 하고 냉소가 되기도 하고 미움이 되기도 한다.

흔히 자기 마음은 자기가 당연히 안다 생각하고 더 자세히 알려고 들지 않는다. 그래서 내 마음이 무엇인지 잘 모르고 스스로 속아 넘어가는 경우가 많다. '부러움'처럼 자기가 인정하고 싶지 않은 감정일수록 더욱 그렇다. 솔직하게 인정받지 못한 마음은 비뚤어지게 마련이고, 그 비뚤어진 마음이 말로 표현되면 삐딱해진다. 중요한 건 부러운 마음이 내 안에 생길 때 알아차리는 것이다. 그리고 그것을 솔직하게 말해서 건강하게 흘려보내는 것이다. 말과 행동이 일치하는 삶이 진솔한 삶이듯 솔직하게, 나답게 살기 위해서는 말과 마음이 일치해야 한다. 말과 마음이 일치하는 언심일치의 상태는 대체로 세 수준으로 나뉜다.

언심일치의 level 3

• level 1(무지의 상태): 내 감정을 잘못 알고 잘못 표현한다.
(부러움을 인정하지 않고) "쟤는 허세가 너무 심해. 정말 싫어. 나랑 안 맞아."

• level 2(불일치의 상태): 내 감정을 알지만 다르게 말한다.
(부러움을 느끼지만) "쟤, 그거 다 부모가 해준 거잖아. 이

제 사회인이면 자기 힘으로 살아야 하는 거 아니야?"

• level 3(언심일치의 상태) : 내 감정을 잘 알고 솔직하게 말한다.

"부럽다. 힘들 때 부모가 좀 도와줄 수 있으면 얼마나 좋을까."

차라리 이렇게 인정해버리고 나면 그런 상황이 부러울 뿐이지, 그 사람 자체를 질투하거나 얄밉게 생각하거나 경쟁 상대로 생각하지 않게 된다. 그래야 자신의 욕구를 괜한 사람 미워하는 것으로 돌리지 않고, 어떻게 내가 원하는 것을 채울 수 있을지 차근차근 살펴볼 수 있게 된다. 부럽다는 것은 어떤 환경이나 조건이지, 그 사람 자체는 아니기 때문이다. 말과 마음이 일치하는 말을 해야 나도 건강하게 성장할 수 있고 상대와도 좋은 관계를 유지할 수 있다.

"벌써 강남에 집을 샀어? 야, 근데 요즘 같은 때 집 사면 종부세 때문에 골치 좀 아프겠다."

"과장 진급했다며! 축하해! 근데 요즘 승진 빨리 하면 회사도 빨리 나가야 해서 축하할 일도 아니라고 하더라."

"그 친구 운이 좋았어. 출판사를 잘 만났나 봐. 사실 그 정도 글은 아니거든."

"우와 벌써 집 샀어? 부럽다. 나는 언제 내 집 마련할 수 있을까. 도대체 어떻게 준비한 거야?"

"과장 진급했다며! 축하해. 좋겠다. 같이 들어왔는데 먼저 올라가버리니까 서운한데? 한턱 쏴!"

"그 친구는 하루도 빠짐없이 블로그에 글 썼더라. 사실 나도 재미있게 봤어. 나도 꾸준히 써볼걸. 나도 책 내고 싶다."

부러움이나 열등감은 자신을 힘들게 하지만, 때로는 나를 발전시키는 원동력이 되기도 한다. 그것을 동력으로 활용하려면 감정을 알아차리고 인정해야 한다. 그리고 내 안에 부러운 감정이 오래 쌓여 부패하지 않도록 솔직한 말로 흘려보내야 한다. 숨기고 싶은 감정을 말로 직접 표현하면 마음이 정화되는 효과를 얻을 수도 있다.

많은 사람들이 자신의 감정을 속이고 산다. 인정받지 못한 감정은 비뚤어지고, 감정이 비뚤어지면 말도 비뚤어진다. 내가 피하고 싶은 감정까지 끌어안는 것이 건강한 자기표현의 시작이다. 나의 말과 마음은 어느 정도 일치할까?

09

지혜롭게 말하려면
내 진짜 감정을 살펴보자

고요해지려면 깊은 곳으로 들어가야 한다. 태풍도 가장 자리가 회전력이 가장 강해 제일 많이 휘둘리고, 그 중심은 오히려 고요하다. 2004년 인도네시아 바다 밑에서 올라온 강도 9.3의 지진이 발생했을 때, 쓰나미로 사람과 건물이 순식간에 파도에 쓸려 흔적도 없이 사라져버렸다. 30만 명 이상이 목숨을 잃을 정도로 강한 피해였는데, 쓰나미가 일어나던 때에 바다 밑에서 스쿠버 다이빙을 하던 사람들은 모두 살아남았다. 오히려 가장 깊은 바닷속에 있던 사람일 수록 안전했다. 몇몇 사람은 쓰나미가 일어난 것조차 모르고 유유히 밖으로 걸어 나왔다고 한다.

사람도 고요해지려면 깊은 곳으로 들어가야 한다. 자신의 중심에 있는 진짜 감정을 알아채야 고요해질 수 있다. 만일 화가 났을 때 그 감정의 진짜 원인을 알아내지 못하면, 그 탓을 주변에 돌리며 거친 말을 내뱉게 된다. 욱 하고 화가 날 때 떠오르는 말을 그대로 했다가는 누군가에게 큰 상처를 주고 신뢰를 잃을 수 있다. 잠시 말을 삼키고 내 감정의 이유를 탐색할 필요가 있다.

밤에 힘겹게 아기를 재우고 이제 좀 내 일을 하려고 하는데 널브러진 장난감, 쌓여 있는 설거지를 보니 남편에게 화가 났다. "이거 보면 치워야겠다는 생각이 안 들어?" 욱하는 순간 차갑게 내뱉어버렸다. 순간 아차 싶었다. 늘 남편이 이 일을 잘하고 있는데 왜 이렇게 쏘아붙였을까. 늘 애쓰고 있던 남편도 그 말을 들으니 화가 나서 "언제는 내가 안 했어? 그리고 지금 막 애기 재웠잖아" 하며 확 토라져버렸다. 그리고 냉전이 아주 오래갔다.

불편한 내 감정을 들여다보았다. 남편에게 왜 그렇게 화가 났을까. 아이를 키우다 보면 집안이 어질러져 있는 것은 자주 있는 일인데 오늘따라 왜 짜증이 났을까. 나는 지금 왜 화가 난 거지? 이 불편하고 무거운 마음은 무엇 때문이지? 그렇게 묻고 묻다 보니 떠오르는 것이 '원고 마감'이었다. 오늘 안에 완성해서 보내야 하는데 글을 쓸 수 없이 바쁜 저녁에 느낀 답답함, 그리고 미리 쓰지 않고 지금까지 일을 미루며 게으름을 피웠던 나에 대한 자책과 실망이 나의 진짜 감정이었다.

무언가 화가 나고 예민해질 때는 그 원인이 상대인 경우보다 내 자신인 경우가 많다. 시어머니랑 통화하던 중에 "저녁 차려?" "저녁은 먹었어?" "저녁은 뭐 먹어?"라고 하시면 '아들 굶길까 걱정이신가, 왜 자꾸 확인하시지?'라는 생각이 들 때가 있다. 그렇게 부정적으로 느껴진 날은 그날 저녁을 안 차린 경우가 대부분이다. 나 역시도 전화를 걸면 "어머니, 식사하셨어요?"라고 인사차 묻곤 하는데 아무런 의도는 없다. 내가 그 평범한 말을 그렇게 받아들인다는 건, 내 안에 무언가가 나를 불편하게 한다는 것이다. 남편에게 저녁을 못 차려줘 마음이 불편한데 자꾸 "밥 먹었어?"라고 물으니 그 말이 싫은 것이다.

심리학에서는 이런 것을 '투사'라고 한다. 내 안에 있는 불순물을 상대에게 던져버리는 것이다. "저 사람은 왜 저래?" "말을 어떻게 그렇게 하지?" "왜 나한테 시비야?"라고 상대를 탓하지만, 사실은 내 안에 버리고 싶은 모습을 상대를 통해 보게 되는 것이다.

그래서 그런 곱지 않은 생각과 말이 불쑥 튀어나오려 들 때, '내가 진짜 화가 나는 이유가 뭐지?'라고 내 마음의 핵심에 들어가서 살펴봐야 한다. 그러면 진짜 원인에 근접하게 되고, 그 원인을 알면 그 사람에 대한 마음도, 거친 나의 말도 많이 순화된다.

말과 마음은 따로 갈 수 없다. 이해인 수녀나 혜민 스님처럼 마음이 고요한 사람은 말도 글도 곱다. 그들의 글과 시는 참 평화롭고 그들의 마음이 어떠한지 그대로 비쳐주는 것 같다. 마음이 괴팍하면서 말이 곱기는 거의 불가능할 것이다. 그래서 언어는 결코 스킬로만 정화될 수 없다. 마음이 정화되어야 말도 맑아진다.

나는 "말을 참 부드럽고 따뜻하게 하시네요"라고 칭찬을 들을 때가 참 좋다. 그러나 나도 화가 나면 무서울 만큼 차갑고 비난하는 말을 한다. 불합리한 일을 당하거나 부드럽게 얘기해도 막무가내인 사람에게는 또박또박 따져가며 상대를 궁지로 몰아넣는다. 그렇게 말하고 나면 언어를 무기로 사용한 내가 부끄럽고 싫을 때가 있다. 내가 날카롭게 말을 한 것은 내가 고운 말을 몰라서가 아니라 내 마음이 화로 가득 차 있었기 때문이다. 감정을 먼저 돌보지 않으면 말을 제어할 수 없게 된다.

불쑥 화가 나 남편에게 바로 말을 꺼냈다가 큰 싸움이 된 적이 많아서, 지금은 한 마디 툭 던지기 전에 일단 참는다. 그리고 내가 화난 진짜 이유를 계속해서 생각해본다. 오늘 육아로 너무 힘든 하루를 보내 지쳐서인지, 위로를 받고 싶은데 못 받아서인지, 내 할 일이 쌓여 있어 스트레스를 받은 것인지, 아니면 다른 일로 남편에게 서운한 게 있는 것인지.

요즈음 여러 번 연습해보니 한 번 참기를 잘했다는 생각이 든다. 화의 원인을 제대로 알고 나면 다르게 표현할 수 있기 때문이다. 단순히 내가 해야 할 일이 밀려서 예민한 상태였다면, 남편에게는 하려던 말을 참고 내가 미뤄두었던 일을 차근차근 하면 된다. 위로와 인정을 받고 싶어서라면 "나 오늘 몸이 안 좋은데 아이도 감기에 걸려서 병원 다녀오느라 너무 힘들었어. 나 좀 토닥토닥해줘"라고 말하며 위로를 받으면 기분이 한결 나아진다.

감정을 다양한 단어로 세밀하게 표현해보는 것도 큰 도움이 된다. '화가 나' '짜증 나' 정도로 내 감정을 이해하면 화내고 짜증만 내게 된다. 하지만 좀 더 디테일하게 감정을 살펴보면 마음을 다독일 수 있다. '사실은 굉장히 실망해서 그랬구나' '이해받지 못한 아쉬움에 그랬구나' '내 기대치에 못 미쳐서 그랬구나' '질투가 났었구나'라고 다양하게 표현해보면 '화'가 아닌 다른 감정이 느껴진다. '아쉬움' '실망' '질투' '부담감' 등과 같이 진짜 감정을 이해하고 나면 한결 마음이 편안해지고 부드러운 대화로 풀 수 있는 방법이 보인다.

욱하며 무언가 말로 확 튀어나오려 할 때 잠시 참고 마음을 고요히 들여다보면, 그 원인은 엉뚱한 곳에 있을 수 있다. 친구의 거친 말에 화가 났지만, 사실은 내 안에 있는 콤플렉스 때문일 수 있고, 내게 부탁하는 동료에게 너무 화가 났지만 사실 내가 너무 지쳐 있어 그랬을 수 있다. 무엇 때문에 화가 났는지, 그 감정이 '화'가 아닌 다른 것은 아닌지 내 마음을 제대로 이해하는 것이 가장 중요하다.

조금 더 마음을 들여다보며 나의 진짜 감정을 만나면 해결책을 찾게 되고, 괜한 사람에게 상처받거나 거친 말을 내뱉지 않을 수 있다. 내 감정을 다스릴 수 있다면 나의 언어는 더 유연하게 다스릴 수 있다. 감정의 주변을 맴돌며 씩씩거리지 말고 고요히 마음의 중심으로 들어가자. 마음이 평온해지면 말은 자연스럽게 평온해진다.

=== Detail Tip ===

욱하고 말을 성급히 내뱉기 전에 내 마음을 먼저 살펴보는 시간을 가지면 좋다. 스스로에게 질문을 하며 화가 난 진짜 원인, 진짜 나의 감정을 찾는 것이다. 감정을 구체적이고 다양한 단어로 표현해보는 것도 도움이 된다. 감정을 섬세하게 아는 만큼 섬세하게 다룰 수 있기 때문이다.

나에게 소중한 관계일수록

참지만 말고

내 이야기도 하고

내 감정도 표현해야 합니다.

솔직하게,

하지만 부드럽게 표현하면

상대와 끈끈한 연결고리가 생기고

자기표현이 점점 자연스러워집니다.

오늘은 누구에게 어떤 마음을 이야기해볼까요?

• 나의 대화유형은 무엇이며, 장단점과 개발 포인트가 궁금하다면, 268페이지의 '나의 대화유형 TEST'를 해보자.

사소한
말 한마디로

호감을
얻는 법

"자연스럽고 매력적인 사람이 되고 싶은 당신에게"

intro.

자연스럽게,
자유롭게

매력적으로 대화하는 사람들은 나와는 많이 달랐다. 하고 싶은 말 다 하지만 밉상이기보다 귀여웠다. 때로는 반말을 하며 금방 친구를 만들었고, 처음 본 식당 주인과 넉살 좋게 이야기하다 어느새 단골이 되었다. 진지한 이야기가 너무 길어지면 농담으로 적당히 끊을 줄 알았고, 자기 허점이 드러났을 때는 "내가 하는 게 늘 이 모양이지 뭐" 하며 배시시 웃고 넘어갔다.

나는 깍듯했다. 상대를 배려하며 많이 참았고, 때로는 너무 맞춰주었다. 이후로는 내 목소리를 내보려 애도 써보았다. 그러나 그들은 달랐다. 참는 것 같지 않았다. 맞추어주려 애쓰지도 않았고, 자기 의견을 어필하려 노력하지도 않았다. 그저 물 흐르는 것처럼 자연스러웠다. 그리고 아주 자유로웠다. 사람들은 그 매력에 스며들었다.

첫 번째 장에서 내면의 목소리에 귀 기울여 나다움을 찾고,

두 번째 장에서 불편한 사람과의 대화법, 세 번째 장에서 자기표현을 위한 대화법을 익혔다면, 이번 장에서는 더 자연스럽고 나다운 커뮤니케이션에 도전해볼 차례다.

이번 장에서는 넉살이 좋아지는 즐거움, 위트를 사용한 대화의 강약 조절과 나를 더 호감 가게 만들어주는 단어 선택, 눈치를 활용해 대화를 리드하는 법, 빈틈을 솔직하게 드러내는 대화법 등 더 자유롭고 자연스러운 자기표현에 대해 살펴볼 것이다. 애써 참지 않아도, 애써 목소리를 내지 않아도, 이제는 당신의 모든 말이 그라데이션처럼 부드럽게 어우러지길 기대하면서.

세상에서 가장 좋은 것은

자기다워지는 길을 아는 것이다.

- 미셸 드 몽테뉴

01

시시콜콜 털어놓을 때
생기는 연결고리

요즘 들어 날이 갈수록 자꾸 낯선 이에게 시시콜콜 말을 건다. 예전에는 엄마가 처음 본 사람한테 말을 걸거나 굳이 하지 않아도 될 자기 이야기를 자꾸 하면 '아줌마들은 왜 저럴까' 생각했다. 주책없어 보였고 오지랖이 넓다 생각했다. 그런데 요즘 점점 '아줌마같이'(사실 아줌마지만) 서슴없이 낯선 이에게 말을 거는 내 모습을 발견한다.

처음 가는 가게에서 "여기 처음 왔는데 뭘 먹으면 좋을 까요?"는 기본이고, "내일 여행 가는데, 이거 사는 게 나을 까요, 저거 사는 게 나을까요?" "이 신발이 더 예쁘긴 한데 아주 편하지는 않아서. 제가 불편해서 아예 안 신는 새 신발이 엄청 많거든요”라며 속으로 생각해도 될 고민까지 이야기한다. 해결을 바라는 것보다는 일종의 넋두리다. 넋두리를 왜 점원에게 하는지…. 그런데 생각보다 상대가 진심으로 같이 고민해주고 자기 경험도 이야기하면서 도움을 준 적이 많았다. 카페에서 차를 시킬 때 '폴링 인 러브', '레이디스 드림' 이런 이름이 있어서 물어봤다.

"폴링 인 러브는 무슨 차예요?"

"과실차입니다."

점원은 그러면서 병의 뚜껑을 열어 향기를 맡게 해준다.

"우와 향이 진짜 좋네요. 맛도 있어요?"

"네, 그런데 과실차가 그렇듯이 향은 좋지만 맛이 그렇게 나지는 않아요."

"아 그래요? 차들이 대부분 그렇긴 하더라고요. 음, 혹시 맛이 좀 느껴지는 차 있나요?"

"맛도 느끼시고 싶으시면 '레이디스 드림'이라고 하는 히비스커스 들어간 차가 괜찮으실 거예요."

"아, 그럼 그걸로 주세요! 히비스커스 좋아해요."

참 별걸 다 이야기한다 싶지만 이런 소소한 소통이 재미있다. 그는 차를 우려 가져다주면서 친절하게 "혹시 맛없으면 알려주세요, 다른 걸로 바꿔드릴게요"라고 했다. 한 모금 입에 넣는 순간 히비스커스의 상큼한 향이 입안에도 가득 퍼졌다. 역시 나의 시시콜콜한 대화는 소모적이지 않았다. 차를 한참 음미하며 마신 후에 "차 맛있었어요"라고 했더니 "한 잔 더 드릴까요?" 하면서 따뜻하게 새로 차를 우려내주었다.

책을 쓰러 자주 가는 아늑한 북카페가 있다. 출출해지면 샌드위치를 주문해서 먹곤 하는데, 오븐에 구운 샌드위치가 내 영감을 자극할 만큼 맛있다. 하루는 샌드위치를 주문하면서 "여기 샌드위치 진짜 맛있어요" 했더니 주인이 수줍은 미소를 보이며, "더 맛있게 해드릴게요. 혹시 치즈 좋아하세요?" "네 좋아해요!"라고 하니 "치즈 많이 넣어드릴게요" 하면서 정말 주욱 늘어질 만큼 치즈를 한가득 넣어주었다. 나는 나오면서 "맛있게 잘 먹었습니다!"라고 밝게 인사했다. 다음부터 좀 더 밝게 인사할 수 있는 사이가 되었다.

한번은 이케아에서 예쁜 의자를 봤다. 빈티지 느낌이 나는 옅은 파란색 나무 의자였다. 색상이 마음에 쏙 들어 상품번호를 적고 창고에 가지러 갔다. 그런데 나무 색만 있고 파란 색 상품은 없는 것이었다. 한참을 찾다가 없어 직원에게 물었다. 파란 색상 제품은 없고 원목 색상에 이케아 페인트를 사서 칠하면 그 색상이 된다는 설명이었다. 안타까워하던 참에 옆에 신혼부부로 보이는 커플이 와서 나와 같은 걸 찾고 있었다. "파란 색은 없는데? 다 팔렸나?" 두리번 두리번. 같은 취향을 가진 것이 반가워 입을 열었다. "아, 그거 저도 찾다가 직원한테 물어봤는데, 페인트 따로 사서 칠해야 하는 거래요" 그랬더니 "그렇구나! 어쩐지 안 보이더라고요. 계속 찾아다닐 뻔했네요. 고맙습니다"라고 미소를 보이며 갔다. 이 작은 뿌듯함에 사람들은 오지랖이 넓어지는 것일까.

고민이든 생각이든 감정이든, 내 것을 좀 털어놓으면 그것이 다리가 되어 상대와 연결해주는 것을 요즘 느낀다. 낯선 이와 꼭 필요한 말만 해도 일상생활에 전혀 지장이 없지만, 조금 더 이야기를 보태면 싱거운 국물에 소금을 치듯 일상이 조금 더 감칠맛 난다. 그래서 우리네 어머니들은 살면서 누구에게나 서슴없이 말을 걸고, 알던 사람처럼 대화하고, 사사로운 고민까지 이야기하며 정을 나누는 건지도 모르겠다.

아줌마 같다는 말이든, 오지랖이 넓다는 말이든, 넉살이 좋다는 말이든 뭐든 좋다. 소통의 재미를 조금 더 느낄 수 있다면. 다음에 더 반갑게 인사할 수 있다면. 나에게 딱 맞는 차와 치즈가 듬뿍 들어간 샌드위치를 먹을 수 있다면!

Detail Tip

식당 주인에게 "샐러드 중에 어떤 게 인기가 많나요?" "이 메뉴 정말 맛있었어요!"

카페에서 "저는 신맛을 좋아하는데, 혹시 추천해주실 핸드드립 커피 있을까요?"

건물 주차관리인에게 "요즘 너무 더워서 힘드시죠."

사소한 것부터 말을 걸어보자. 낯선 이와 시시콜콜 소통하는 재미를 맛보면, 점점 넉살이 좋아지는 나를 발견할 수 있을 것이다.

02

반말해도
괜찮을까?

나의 장점은 예의 바름이었다. 중고등학교 시절을 일본에서 보냈던 나는 그들의 깍듯한 예의와 겸손을 몸에 익혀 돌아왔다. 아주 소소한 상황에서도 감사하다는 인사가 입에 배고, 별것 아닌 것에도 늘 죄송하다는 말을 붙였다. 상대가 보이지 않을 때까지 배웅을 하고, 누구에게든 늘 깍듯하게 존댓말을 했다.

처음 직장 생활을 하면서도 예의 바른 덕에 무난한 직장 생활을 했다. 나이가 지긋하신 부장님이 있었는데 이제 갓 사회생활을 시작한 까마득한 후배에게 늘 깍듯이 존댓말을 하며 정중하게 대해주셨다. 그 모습이 정말 젠틀하게 느껴지고 존중받는다는 느낌이 들어 참 좋았다. 나중에 나도 나이가 들었을 때 어린 사람들에게 반말하지 말아야겠다고 생각했다.

나보다 조금 늦게 입사한 후배 아나운서는 나이가 어린 작가에게 편하게 '예지야~' 하며 이름을 부르고 반말을 했다. 나이가 조금 많으면 '언니, 언니~' 하며 친하게 지냈다. 그때 내 기준에서는 직장에서 반말을 하는 모습이 그리 좋아 보이지 않았다. 나는 꼬박꼬박 '작가님'이라 부르고 예의를 갖추며 그들을 존중해주려 했다.

다른 방송사에 이직해 오랜 직장생활을 하면서도 나는 누구에게든 존중하는 언어를 쓰려 노력했다. 갓 입사한 기자나 피디 후배도, 나와 오래 일한 어린 작가도, 풋내 나는 스태프에게도 말을 함부로 놓지 않고 예의 바르게 다가갔다. 그리고 그들과의 관계도 서로 적당히 예의 바른, 딱 거기까지였다.

그들이 친한 사람은 따로 있었다. 피디에게도 작가에게도 후배에게도 때로는 선배에게도 편하게 말을 놓는 다른 아나운서였다. 방송이 끝나면 친구처럼 이런저런 하소연도 하고, 요청이 있으면 "이 코너 계속 하자~"라고 애교 섞어 조르기도 했다. 그때는 '참 친화력 좋다'라고만 생각했는데, 가만히 보면 그 아나운서가 사람들에게 존댓말을 깍듯이 쓰는 걸 별로 본 적이 없다. 그러나 그녀의 반말은 전혀 무례하지 않고, 오히려 부드럽고 친근하게 느껴졌다.

2년 전, 많은 사람이 함께하는 한 모임을 시작하게 되었다. 대부분이 처음 만나는 사람들이라 무척 낯설었다. 나보다 여섯 살 많은 한 회사의 부사장이 나에게 말을 편하게 놓자고 했다. 사회적 직급도 있고 나보다 나이도 많은 여성이 갑자기 말을 놓으라니. 갑자기 될 리가 없었다. 그러자고는 했지만 나는 어색해서 계속 어정쩡하게 존댓말을 했다. 그랬더니 자신도 말 놓기 어려워하는 성격인데, 편하게 친구 같은 사이가 되고 싶다고 하며 말을 놓으라고 거듭 이야기했다. 그래서 나도 '그래, 그러자 그럼!' 하고 받아들였다. 처음엔 참 어색했다. 만난 지 얼마 되지도 않은 부사장님과 반말이라니. '언니'라는 호칭도, '밥은 먹었어?'라는 반말도 손이 오그라들 듯 어색했다.

그러나 놀랍게도 그것은 한 번뿐이다. 다음에 만나니 뭔가 친근함이 느껴졌다. 알고 지내던 언니 동생 같은, 혹은 친구 같은 느낌이랄까. 같은 취미가 있는 걸 알게 돼 저녁 시간에 그림 그리는 수업을 함께하게 되었다. 그림을 그리면서, 부사장으로 깍듯이 모셨으면 나누지 못했을 깊은 이야기, 부끄러운 이야기, 재미있는 이야기들을 많이 나누었다. 물론 지금은 더없이 좋은 친구다.

그 일은 늘 '언어 표현'에 대해 고민하고 연구해온 나에게 꽤 충격적인 사건이었다. '긍정적 표현, 부드러운 표현, 상대를 존중해주는 말'에 대해 고민하고 말을 다듬으며 커뮤니케이션에 있어서는 자신 있다고 생각했는데, '반말'이 주는 친화력, 한 방에 벽을 허무는 엄청난 힘을 처음 느껴본 것이다.

그 후로 나는 많은 도전을 했다. 사회에서 일로 만나는 사람 중에도 마음이 맞고 친구로 지내고 싶은 사람에게 말을 편하게 하자고 제안한다. 나이가 좀 더 많은 사람들에게는 동생처럼 편하게 이야기하라고 말한다. 예전 같으면 상상도 할 수 없는 일이다. 나도 상대를 존중해주고 나 또한 정중히 대해주기를 원했기 때문이다. 그러나 그것보다 나는 '친밀감'이 더 갖고 싶어졌다. 그 용기 있는 도전으로 나는 소중한 친구를 몇 얻었다. 꼭 말을 놓아야만 친구가 될 수 있는 건 아니다. 하지만 느낌은 전혀 다르다. 깊이도 다르다.

회사 옆자리에 "선배님~ 선배님~"하면서 나를 잘 따르고, 나와 베스트 프렌드처럼 마음을 나누던 아나운서 후배가 있었다. 내가 퇴사할 때 그녀는 예쁜 선물과 함께 편지를 적어주었다. 편지 마지막에 이렇게 적혀 있었다.

"언니라고 불러도 될까요?"

그 말이 참 예쁘고 반가웠다. 지금도 그녀가 보고 싶어 종종 전화하면 "언니~" 하면서 살갑게 전화를 받는다. '선배님'보다 '언니'라는 그 말이 참 좋다.

그동안 나의 깍듯한 예의와 존댓말로 사람들과 마음의 벽을 허물 기회를 잃었던 건 아닐까. 그 견고한 예의를 사람들은 높은 벽으로 느끼지 않았을까. 그래서 오랜 직장생활을 하고 수많은 사람을 만나면서도, 적을 두지 않은 대신 마음 터놓을 친구도 많이 얻지 못한 것은 아니었을까.

물론 나는 아직도 아무에게나 쉽게 반말을 하지 않는다. 그리고 누군가가 나에게 동의 없이 반말하면 아직도 불쾌하다. 그러나 내가 마음이 열리는 곳이라면 반말을 마음껏 허용하고 싶어졌다. 나에게 반말을 윤허하라. 새로운 세계가 열릴 것이니.

Detail Tip

같은 말도 '반말이냐, 존댓말이냐'에 따라 상대와 느끼는 거리감이 달라진다. 지혜롭게 구별할 수 있다면, 예의보다 친화력이 욕심난다면 '우리 말 놓자!'라고 도전해보자. 때로는 반말이 한방에 벽을 허물기도 한다.

03

불편한 상황을
센스 있게 정리하려면

엄마와 쇼핑을 하던 중 나는 식기를 파는 곳에서 숟가락을 찾았다. 식기세척기를 사용하면서 설거지거리를 좀 모아서 하다 보니 수저가 더 많이 필요해졌다. 숟가락만 몇 개 사고 "젓가락은 이번에 일본 갈 때 사와야지"라고 했다. 결혼할 때 선물 받은 일본식 젓가락을 계속 사용하다 보니 가벼운 나무젓가락이 더 편해졌기 때문이다. 그런데 나무 젓가락은 식기세척기에 넣으면 고온의 물, 습기 등으로 장식품이 떨어져나가고 나무가 조금씩 갈라지는 현상이 있었다. 엄마가 집에 오는 날이면 "식기세척기에 젓가락 넣으면 상하니까 따로 씻어"라고 여러 차례 잔소리를 했던 터였다.

"근데 나무젓가락은 식기세척기에 넣으면 다 상하더라."

또 시작되는구나 싶었다.

"어쩔 수 없지. 뭐."

"젓가락만 설거지 따로 해."

여러 차례 들었던 젓가락 잔소리가 또 등장하자 이제 나도 짜증 섞인 표정으로 입을 뗐다.

"그러려고 내가 비싼 식기세척기를 들인 게 아니야. 엄마. 그것 때문에 젓가락만 일일이⋯."

육아에 바빠져서 좀 편하자고 식기세척기를 들였는데 '그런 거 일일이 신경 쓰면서 설거지할 거면 뭐 하러 비싼 식기세척기를 쓰냐' 등의 논리적 반박을 하려던 참.

"하긴, 그래야 젓가락 장수도 먹고 살지"라며 웃으며 가볍게 넘기는 것이 아닌가.

조목조목 따져 반박하려던 나도 피식 웃으며 그냥 넘어갔다. 딸이 정색하며 그 다음에 무슨 소리를 할지 오죽 잘 아실까. 더 이상 언쟁을 하고 싶지 않았던 엄마는 이제 고단수가 되어 있었다. 예전 같으면 나는 조목조목 하고 싶은 이야기를 냉정하게 해대고, 엄마는 마음이 상한 표정으로 입을 닫아버렸을 텐데. 이제 엄마는 또박또박 말대꾸할 나의 입을 막고 분위기를 부드럽게 전환하는 노하우를 터득한 것 같았다. 엄마의 승.

위트는 반전매력이다. 진지하고 무거운 상황을 가볍게 기분 좋게 넘겨버린다. 위트는 또한 품어준다. 조목조목 반박하지 않고 '재미'라는 그릇에 담아준다. 그래서 웃음이 나온다.

영화 〈베테랑〉에서 "어이가 없네!"라는 유행어를 만든 배우 유아인의 인기가 절정일 때였다. 아나운서 팀에서 회식을 할 때 한 남자 선배가 후배를 가리키며 "용재, 유아인 닮지 않았어?"그러자 동료 여자 아나운서들은 황당한 표정을 지으며 "선배 무슨 소리예요!!~~" "말도 안 돼요"라고 심하게 야유를 했다. 별것도 아닌 것에 우리가 너무 과민반응을 보였나 싶던 찰나, 당사자인 후배는 "어이가 없네!"라고 받아쳐 모두가 폭소를 터뜨리게 했다. 본인이 하지도 않은 말로 괜한 야유를 샀던 그 후배는 위트 있는 한마디로 분위기를 반전시켰다. 선배들의 냉혹한 야유를 여유로 품어버렸다.

위트는 자연스러워야 한다. "내가 재미있는 이야기해줄 게!" 하고 시작하는 유머와는 다르다. 지금 이 상황, 이 대 화의 흐름에서 맛깔 나는 양념을 치는 것이 위트다. 그래서 타이밍이 중요하다.

위트가 감초 역할을 할 수 있는 때는 진지한 이야기가 길 어질 때이다. 별것 아닌 것에 길게 논쟁이 이어질 때 위트 한 마디로 공기를 바꿀 수 있다. 잠시 떨어져서 보게 하는 여유를, '별것도 아닌 얘기 그만하자'라는 생각의 전환을 줄 수 있다. 특히 언성이 높아질 조짐이 보인다면 그 전에 위트로 막는 것이 좋다. 위트 있게 말하려면 좁은 시야에서 벗어나 이 상황을 새롭게 바라볼 수 있어야 한다. 젓가락 사용 논쟁에 젓가락 장수의 밥벌이를 생각했듯이 말이다.

위트가 감초역할을 할 수 있는 또 하나는 누군가 실수했 을 때다. 예전에 강연회를 마치고 강연에 참여한 기업 대표 들과 한자리에서 식사를 한 적이 있다. 중국 요리와 와인을 즐기고 있었는데, 내가 와인 잔을 잘못 건드리는 바람에 만 두가 담긴 접시에 와인이 쏟아졌다. 붉은 와인이 국물이 되 어버리고 말았다. 너무 당황해서 어쩔 줄 몰라 하는데 한 대표가 "와인에 빠진 만두가 제맛이지! 이런 만두 어디 가서 못 먹어" 하면서 만두를 덥석 집어 입에 넣는 것이었다. 그러자 다른 사람들도 "그러게요. 저도 하나 맛볼게요!" "저도요!"라고 하며 만두를 하나씩 가져갔다. 와인에 빠진 만두는 그렇게 금방 동이 났다. 심지어 "와인에 찍어 먹으니 이렇게 맛있는 걸, 여태껏 몰랐네요" 하며 맛있게 먹어주었다.

나는 그들의 여유로운 마음이 무척 인상 깊었다. 실수로 쏟은 것을 모른 척해주거나 냅킨을 건네거나 조용히 닦아주는 것으로 배려를 보일 수도 있지만, 위트로 승화시켜 상대의 실수를 웃음으로 덮어주는 그 센스가 참 고맙고 멋졌다.

위트는 고단수 커뮤니케이션이다. 불편한 상황을 구렁이 담 넘어가듯 슬쩍 넘어가는 것, 상대의 예민함을 넉살 좋게 품어버리는 것, 누군가의 실수를 센스 있게 덮어주는 것이다. 나의 위트로 인해 분위기가 바뀌는 것을 맛본 이는 위트에 더 욕심내게 될 것이다. 하지만 백 퍼센트 성공하는 타자는 없는 법. 위트가 먹히지 않거나 분위기가 썰렁해지는 상황도 감내할 수 있는 용기가 있어야 한다. 3할만 쳐도 훌륭한 타자라 하지 않나. 위트가 필요한 순간에 주저 말고 방망이를 휘둘러보자. 내 말에 상대가 웃는 기쁨을 맛보면 종종 홈런도 치게 될 것이다.

유머는 인생의 충격 흡수장치이다.

- 페기 누난

=== Detail Tip ===

위트는 불편한 상황을 부드럽게 넘어가고, 상대의 닫힌 마음을 열 수 있는 고단수의 무기다. 지루한 공방이 길어질 때, 누군가 실수했을 때 위트를 사용하면 분위기를 반전시킬 수 있다. 위트 있게 말하려면 상황을 판단하는 능력, 새로운 각도로 볼 수 있는 눈, 다른 사람의 마음을 읽는 센스, 그리고 썰렁함을 두려워하지 않는 용기가 필요하다.

04

같은 말 다른 느낌,
단어 선택의 품격

한겨울에 쇼핑거리를 지나다 재미있는 것을 발견했다. 같은 인조모피 옷을 파는데 어느 가게에는 '페이크퍼(fake fur)'라고 적혀 있고, 다른 가게에는 '에코퍼(eco fur)'라고 적혀 있다. 결국 같은 것인데 전혀 다른 느낌으로 다가왔다. '페이크퍼'는 '나는 돈이 없어서 모피는 못 사고 짝퉁이라도'라는 느낌이고 '에코퍼'는 '나는 돈이 있어도 동물 애호가라 모피는 절대 입지 않아'라는 느낌이다. 아마도 '에코퍼'라고 판매하는 곳이 더 많이 팔리지 않을까.

단어 선택은 그 사람의 격을 나타낸다. 나는 카메라 앞에서 말을 해야 했었기에 단어 선택에 대한 고민을 많이 할 수밖에 없었다. 더 좋은 단어를 선택하기 위해 내가 주로 시도했던 방법은 다음의 세 가지 힘을 활용하는 것이었다.

1. 디테일의 힘

더 구체적인 단어를 찾는 것이다. 그냥 늘 쓰던 단어로도 통하지만, 더 욕심을 내서 지금 이 상황에 꼭 맞는 단어를 쓰는 것이다. 예를 들어, "이거 얼마예요?"라고 언제, 어느 상황에나 똑같이 묻는 것보다, 어떤 돈을 가리키는 건지 상황을 구분해서 쓰면 좋다.

"교체하면 비용이 얼마나 드나요?"
"항공권 총 결제할 금액이 얼만가요?"
"이거 가격이 어떻게 되나요?"
"정산하면 총 액수가 얼마나 되나요?"

이렇게 구체적으로 말해주면 좋다. 돈이라는 게 '화폐'이기도 하고 때로는 '비용'이기도 하고, 때로는 지불할 '금액'이기도 해서 상황에 따라 좀 더 구체적인 단어를 선별해서 쓰면 훨씬 정돈된 느낌이 든다. 어려운 단어나 한자어를 쓰라는 말이 아니다. 늘 무의식적으로 쓰던 말만 계속 쓰지 말고 그것이 최선인지, 더 명확하게 표현해줄 단어는 없는지 찾아보는 것이다.

정철 카피라이터는 두루뭉술한 단어를 쓰지 말고 송곳으로 찌르듯 뾰족하게 쓰라고 이야기한다. 예를 들면 '많다'는 '삼십육만 칠천팔백 개', '꼼꼼하다'는 '손톱 열 개 깎는 데 꼬박 20분을 투자한다'와 같이 구체적으로 바꾸어 쓰라고 말했다. 이보다 구체적인 표현은 없을까 고민하며 끊임없이 찾다 보면 전달력도 높아지고 어휘력도 풍부해진다.

2. 긍정의 힘

"아, 열 받아 죽겠어"라고 말하는 것과 "마음이 좀 불편하네"라고 말하는 것은 상당한 차이가 있다. 같은 상황에 처하더라도 "열 받아 죽겠어"라고 반응하면 정말 통제할 수 없을 만큼 화가 날 수도 있고, "마음이 좀 불편해"라고 하면 기분은 언짢지만 스스로 통제할 수 있는 정도에 머물

수 있다. 말은 내 마음에 있는 것이 나오는 것이기도 하지만, 거꾸로 말은 나를 지배하기도 한다. 나의 프레임을 결정하고 나의 감정과 행동을 바꾸는 것이다. 무의식적으로 쓰던 감정 단어들을 조금 더 긍정적으로 바꾸기 위해 다음 두 가지를 활용해보자.

① 부정적 감정의 수위를 낮춘다

'조금'이라는 말을 앞에 붙이는 것도 도움이 된다.

진짜 한심하다. → 조금 걱정된다.

완전 녹초가 됐어. → 오늘 좀 힘든 하루였어.

창피해 죽겠어. → 남들 볼까 봐 좀 부끄럽다.

너무 불안해. → 마음이 편하지 않네.

집착이 심해. → 관심이 너무 많은 것 같아.

정말 짜증 나. → 마음대로 안 되네.

② 긍정적인 의미로 바꿔서 말한다

부정적인 단어를 아예 쓰지 않는 것이 포인트다.

힘들어 죽겠어. → 쉴 때가 됐네.

게을러 빠졌어. → 에너지 충전 중인가 보다.

미친 거 아니야? → 정말 독특하다.

업무 과부하 상태야. → 내가 일복이 많네.

실패했어. → 이러면서 배우는 거지.

스트레스만 더 쌓였어. → 해결해야 할 일이 더 생겼네.

거절당했어. → 다음 기회가 있겠지.

'인생은 전쟁이다'라고 말하는 사람과 '인생은 게임이다'라고 말하는 사람의 삶은 분명 크게 다를 것이다. 단어 선택에 따라 인생은 희극이 될 수도 있고 비극이 될 수도 있다. 영화 〈인생은 아름다워〉에서 유대인 수용소에 끌려간 주인공은 그곳의 참담함을 감추기 위해 아들에게 수용소 생활을 점수 따기 '게임'이라고 말하는데, 그때부터 어린아이 눈에 그것이 정말 재미있는 게임처럼 보였듯 말이다.

3. 비유의 힘

아리스토텔레스는 "교묘한 비유를 생각해내는 것이야 말로 인간의 가장 위대한 지성이다"라고 했다. 비유는 단순하지만 강하게 기억에 남는다.

MBC 프로그램 〈복면가왕〉에 가수 김태우가 슬램덩크 복장과 가면을 쓰고 출연한 적이 있다. 그런데 다이어트로 28킬로그램이나 감량해 체형으로는 전혀 알아볼 수 없는 상태였다. 하지만 노래를 하는 순간 그의 익숙한 목소리는 모두 그가 누구인지 짐작하게 했다. 그때 연예인 판정단으로 참가한 가수 이승철이 "가수에게 목소리는 지문이다"라는 어록을 남기며 그가 누구인지 알아챘다. 그의 멋진 말은 곧바로 많은 기사와 블로그에 장식되었다.

그가 가수 김태우라는 것은 시청자들도 짐작할 수 있을 정도였다. 하지만 "김태우 씨가 확실해요!", "목소리만 들어도 누군지 알겠네요!"라는 평가를 했다면 재미도 없고 기억도 나지 않았을 것이다. 하지만 '가수에게 목소리는 지문이다'라는 그 짧은 비유로 많은 사람들에게 깊은 인상을 주었다. 더불어 김태우의 목소리는 '가수로서의 뚜렷한 정체성'과 같은 긍정적인 느낌을 심어주었다. 이렇게 같은 사실에 대해서도 놀라울 만큼의 힘을 더할 수 있는 것이 바로 '비유의 힘'이다.

누군가 나에 대해 했던 비유 중 기억에 남는 것이 있다. "미정 씨는 진흙 속에서 피어나는 연꽃 같아요"라고 했던 말이었다. "온실 속에 화초처럼 자란 줄만 알았는데 힘든 일이 많았구나"라는 말은 많이 들어봤지만 '진흙 속에 피어나는 연꽃'의 비유는 처음이었다. 그 표현 하나가 나의 삶을 알아주고 위로해주는 것 같은 느낌이었다.

비유의 힘은 알지만 비유는 참 어렵다. 왜 수사학의 대가 아리스토텔레스가 '비유야말로 인간의 가장 위대한 지성이다'라고 했는지 조금 알 것 같다. 비유는 사용하고 싶다고 해서 한순간에 잘할 수 있는 것이 아니다. 데이터베이스가 차곡차곡 쌓여야 적재적소에서 힘을 발휘한다. 비유에 욕심을 내고 나서부터 나는 영화든 책에서든 좋은 표현을 접할 때마다 정리해두려 노력한다. 말재주는 타고난 것이라 생각하지만, 적재적소의 한 마디를 하기 위해 강호동은 수천 개의 명언을 외우고 김제동은 헌법을 그토록 공부하지 않았는가.

루트비히 비트겐슈타인은 '내 언어의 한계는 내 세계의 한계이다'라고 말했다. 내 언어가 확장되면 그만큼 내 세계도 넓어진다. 하루하루 무심코 하는 말들로 내 세계를 만들어온 것은 아닌지. 더 디테일하게, 더 긍정적으로, 더 임팩트 있게, 나만의 말을 만들어가자.

어휘력이 빈약한 사람들은
감정적으로도 빈곤한 삶을 살아간다.
반면 어휘력이 풍부한 이들은 자신의 경험을
채색할 다양한 물감이 가득한 팔레트를
가지고 있는 셈이다.

- 앤서니 라빈스

단어 선택을 보면 그 사람의 격이 보인다. 좋은 단어를 잘 골라 쓰는 사람은 자신의 언어로 자신의 세계를 풍성하게 만들어간다. 다음 세 가지 힘을 빌려 내 생각을 자유자재로 표현해보자.

• **디테일의 힘** : 더 구체적으로 표현할 수 있는 단어를 사용해 전달력을 높인다.

• **긍정의 힘** : 부정의 수위를 낮추거나 긍정의 단어로 바꿔 내 감정과 행동을 변화시킨다.

• **비유의 힘** : 멋진 비유로 마음에 새기는 표현을 남긴다.

05

눈치를 활용하면
대화를 리드할 수 있다

눈치 보지 않고 말하기에 좀 익숙해졌다면, 이제 남을 위해 나의 눈치를 '활용'해보자. 거의 평생 봐왔던 눈치를 버리기만 하면 아깝지 않은가. 이것을 잘 활용하면 눈치 보느라 소리도 못 내고 있는 수많은 사람들이 대화에 참여할 수 있게 된다.

CEO들의 스피치 노하우를 인터뷰할 때 한 벤처기업 대표가 이런 말을 했다.

"여러 사람이 모인 자리면 대화가 골고루 이루어지도록 남몰래 MC 역할을 해요."

뒤통수를 얻어맞은 듯 꽤나 충격적인 말이어서 아직도

기억이 난다. 청년 창업가로 많이 알려지다 보니 몇 년간 창업 토크콘서트의 MC로 진행을 하게 되었는데, 그때 생긴 습관이란다.

나는 오랜 시간 MC로 방송을 진행하며 눈치가 백단이 되었지만 일상의 대화에서 눈치를 활용할 생각을 한 번도 해보지 못했다. 방송 프로그램에서는 대본에 모든 게스트가 비슷한 분량으로 이야기할 수 있게 분배되어 있다. 그럼에도 누군가 말을 더 많이 하면 내가 적당히 마무리를 유도하고, 유독 말수가 적고 수줍음이 많은 사람에게는 더 많은 질문을 하고 농담을 던지며 전체의 균형을 잡았다. 그런데 왜 일상에서는 그 역할을 하지 않고 방관자로 있었을까.

일상에서도 MC 역할을 시도한다는 그 대표의 말이 각인되어, 이제 나도 셋 이상 모인 자리면 자연스럽게 대화의 분배를 의식하게 된다. 그날도 말이 많은 한 사람이 끝도 없이 자기 이야기만 늘어놓고 있었다. 조용한 사람은 끄덕이며 들어주기만 한다. 나도 들어주(는 척하)며 그 모습을 지켜본다. 곧 헤어져야 할 시간이 다가온다. 나는 더 이상 방관하지 않고, 조용히 듣고만 있는 이에게 질문을 던졌다.

"작가님은 전시 준비 어떻게 하고 계세요?"

그러자 조용할 것만 같았던 그녀는 차근차근 자신의 근황을 이야기한다. 심지어 생생하고 재미있다. 말수가 없거나 수줍은 사람이 아니었다. 단지 입을 열기까지 누군가의 배려가 조금 필요했을 뿐이었다. 그날이 내가 일상에서 몰래 MC 역할을 시도한 첫날이었고, 꽤 보람을 느꼈다. 그 후로 나는 곳곳에서 조용히 대화를 분배한다. 그 이후 이런 능력을 더 강화시키기 위해 내가 노력한 것은 다음 세 가지였다.

1. 수줍음이 많은 이에게 특별히 집중한다

말이 많은 사람은 내가 굳이 배려하지 않아도 자기 할 말은 다하고 간다. 이 모임, 이 대화에서 누가 소외되어 있는지, 누가 듣기만 하는지, 누가 가장 수줍어하는지 세심하게 살펴야 한다. 조용한 이들에게는 질문 세례가 오히려 공격처럼 느껴질 수 있기 때문에, 다른 사람이 했던 이야기에 자연스럽게 "너는 어때?"라고 물으며 시작하는 것도 방법이다. 그러면서 그 사람이 진짜 하고 싶은 이야기를 할 수 있게 조금씩 질문을 더해간다.

2. 나에게도 반드시 대화를 분배해야 한다

이것이 방송 MC와 일상에서의 MC 역할의 큰 차이점
이다. 다른 이들의 대화를 분배한다며 진짜 방송 MC처럼
남의 이야기만 듣다가는, 앞서 말했듯 나는 상대에 대해 잘
알지만 상대는 나에 대해 잘 모르는 '관계의 불균형'이 일
어난다. 이것은 장기적으로 봤을 때 관계에 도움이 되지 않
는다. 상담자와 내담자, 인터뷰어와 인터뷰이처럼 일방적
으로 털어놓기만 하는 사이는 수평적인 친구가 되기는 어
렵다. 자신의 근황이나 관심사에 대해 자연스럽게 이야기
할 타이밍을 만든다.

3. 상대가 꽂힌 것에 폭풍 질문한다

'대화가 정말 재미있었다' '속이 시원하다' '나는 멋지게
살고 있는 사람이다' 이런 느낌을 갖게 하려면 상대의 최대
관심사에 대해 꼬리에 꼬리를 물고 질문해주어야 한다. 그
래야 신이 나서 이야기하게 되고 대화하며 자신의 욕구도
채워진다. 이렇게 하기 위해서는 상대가 최근에 가장 흥분

하는 주제가 무엇인지 먼저 알아내야 한다. 상대의 눈빛이 유독 반짝이거나, 목소리 톤이 높아지거나, 말이 빨라지거나, 자세가 앞으로 더 쏠린다면 그의 최대 관심사일 확률이 높다. 직접 물어봐서 관심사를 파악하는 것도 좋은 방법이다. 상대가 신이 나서 이야기할 때에는, 대화를 공평히 분배한답시고 말을 끊고 다른 이에게 말을 걸면 안 된다. 충분한 질문을 통해 신나게 이야기할 수 있게 해주어야 한다. 단 이야기가 옆길로 빠지거나 너무 길어지면 적절한 질문을 던져주어 이야기의 속도를 조절하게 할 수 있다.

여럿이 모인 곳에는 눈치 없이 자기 이야기만 하는 사람과, 눈치 보며 말 못하고 있는 사람이 늘 공존한다. 눈치 있는 내가 스리슬쩍 MC 역할을 해보면 어떨까. 대화의 균형을 잡아주는 이가 있다면 모두가 공평하게 즐거울 수 있다. 그 매력적인 역할에 도전해보고 싶지 않은가.

여럿이 모인 자리에서 대화를 균형 있게 분배하는 역할을 해보자. 말이 너무 많은 사람만이 주인공이 되지 않도록, 나의 이야기도, 조용한 사람의 이야기도 골고루 끌어내보자. 그러면 함께 하는 시간을 더욱 즐겁고 의미 있게, '공평하게' 만들 수 있다.

06

철벽방어 대신
약간의 빈틈을 허용할 것

"알수록 빈틈이 많군요! 너무 좋아요. 하하하."

최근에 나를 잘 알게 된 지인이 아주 통쾌하게 웃으며 한 이야기다. 본의 아니게 똑 부러지는 이미지를 풍기나 보다. 융통성으로 무장한 허술한 사람인데도 말이다. 그래서 나를 어렵게 보던 사람들이 나를 더 알게 되면 공통적으로 이런 반응을 보인다. 그리고 그것에 대해 무척 통쾌해한다. 마치 잘난 체하던 친구가 망신을 당하면 배를 잡고 웃듯이. 나는 그 모습이 정말 유쾌하고 좋다. 누군가 나의 허술함을 통해 인간미를 느끼고 통쾌해하면 그게 참 기분 좋다.

'빈틈없는 사람'으로 오해를 사는 이유를 곰곰이 생각해보았다. 외모에서 풍기는 이미지도 꽤 많이 차지하겠지만, 직업병으로 생긴 나의 말투와 대화법 때문이 아닐까. 중저음으로 또박또박 이야기하면 마치 뉴스를 진행하듯 들릴 것이고, 모호한 것을 구체적으로 확인하고 넘어가려 하면 까탈스럽게, 어떤 주제에 대해 이야기가 나오면 방송에서 주워들은 얕고 넓은 지식으로 맞받아치니 똑똑한 체하는 것처럼 보이지 않았을까.

사람들은 빈틈이 '있는' 사람에게 호감을 느낀다. 빈틈은 그 사람의 마음속을 엿볼 수 있는 작은 틈이다. 그래서 빈틈이 보이면 마음이 조금 가닿는 느낌이고, 철벽처럼 틈이 없으면 한 걸음 물러나야 할 것 같은 느낌이다. 그래서 항상 그 여지를 둘 수 있는 유연함이 필요하다. 그 유연함을 갖기 위해 나는 세 가지를 연습한다.

1. 강약의 조절

나는 김제동의 진행을 참 좋아한다. 방송진행자로서 더욱 팬이다. 그는 여러 사연에 대해 주옥같은 말로 위로와 조언을 해주다가, 외모나 연애에 관한 이야기가 나오자

"거기에 대해서는 제가 할 말이 없네요"라고 답을 해 사람들의 웃음을 자아냈다. 감탄할 정도의 지식과 지혜를 가진 그가 늘 친근하게 느껴지는 건, 이런 강약 조절을 잘하기 때문 아닐까.

사실 빈틈은 누구에게나 있다. 그것을 보여줄 틈을 허락하느냐 안 하느냐의 차이일 뿐이다. 결점을 보이기 위해 일부러 실수하거나, 억지로 허술한 모습을 보일 필요는 없다. 어쩌다 나의 약점이 드러났을 때 그것을 가리려 애쓰지 말고 그저 배시시 웃으며 인정할 수 있는 여유면 된다. 너무 강하기만 하면 인간미가 없으니, 약한 모습이 드러났을 때를 기회로 활용하자.

2. 백지의 호기심

"아, 그래?" "오, 정말?" "아, 또 그런 게 있구나."
이런 말을 들으면 흥이 난다. 더 알려주고 싶고 더 이야기해주고 싶다. 그런데 대부분의 사람들은 어떤 이야기를 하면 "나도 들어본 것 같아" "맞아, 그렇다고 하더라" "아무래도 그렇겠지"라며 나도 이미 안다는 듯 방어적인 태도를 보일 때가 많다. 모르는 것에 대해서는 조용히 넘어가고, 조금 아는 것에 대해서는 나도 그 정도는 알고 있다는 식으로 반응하는 것이다. 내가 뒤처지지 않은 사람이라는 걸 보여주고 싶은 무의식적 행동이다. 그럴 필요 없다. 모르는 걸 모른다고 하는 것, 더 궁금해하는 것, 그 솔직하고 투명한 태도가 내게 인간미를 더해주고, 배울 수 있는 기회도 더 많이 준다.

내가 아는 작은 기업의 대표는 60대 후반의 나이에도, 상대의 이야기나 의견에 "아, 그래요?"라며 호기심 가득한 목소리로 질문을 한다. 난 그 모습이 참 인상적이었다. 일흔이 다 되어가는 나이이면 산전수전 다 겪어 알 만큼 안다는 생각이 들 텐데, 젊은이들이 무심코 한 말에도, 자녀의 말에도 "아, 그래?"라고 물으며 새로운 정보와 생각들을 흡수한다. 백지처럼 상대의 말을 듣고 진심어린 호기심을 갖는 것은 참 인간적이다. 아는 걸 모른다고 거짓말할 필요는 없다. 하지만 잘 모르는 것은 처음 듣는 것처럼 귀 기울여 듣고 호기심 가득한 질문을 해보자.

3. 잘못을 시인하기

"내일 봐!" 하고 헤어졌던 친구가 오늘 약속에 늦어 전화해보니, "아, 맞다!"라고 답하는 게 아닌가. '어떻게 잊을 수 있지?'라고 순간 화가 났는데 "아 완전 깜빡했네! 미안해, 미안해!!"라며 납작 엎드리는 말에 화가 수그러든다. '깜빡할 수도 있지'라고 생각이 바뀐다.

운전을 하다 신호대기 중이었는데 정차해 있는 내 차를 뒤차가 갑자기 '꽝!' 하고 받아버렸다. 크게 다치진 않았지만 그때 임신 중이어서 더욱 걱정이 됐다. 불안과 화를 안고 차 문을 열고 내리는 순간, 뒤차에서 내리던 중년의 남성이 "아이고, 죄송합니다. 제가 정신을 어디다 팔고 있었는지. 정말 죄송합니다. 괜찮으세요?"라고 바로 사과를 했다. 그러자 나도 모르게 "괜찮아요"라고 말해버렸다. 사실 난 별로 괜찮지 않았는데 말이다. 병원에 다녀온 후에는 '가끔 나도 앞차를 받을 뻔한 적이 있어'라는 생각이 들었고, 아기가 무사하니 걱정 마시라는 연락까지 드렸다. '내가 이렇게 마음이 넓은 사람이 아닌데. 왜 이번에는 화가 안 나지?' 아마도 그건 내가 화낼 겨를도 없이 그의 사과가 먼저 훅 들어와서일 것이다.

　내가 잘못한 것이 아니고 상황이 그래서 어쩔 수 없었다고, 나는 그런 잘못을 할 사람이 아니라고 변명할 필요 없다. "아이구, 내가 실수했네. 미안해" 하며 잘못을 인정해버리는 쿨한 사과에 상대는 입을 닫고 '사람이 실수할 수도 있지, 뭐'라고 한풀 꺾인다. 실수와 잘못은 오히려 부인하거나 어물쩍 넘어가려 하면 더 커진다.

　빈틈을 연습한다니 참 재미있다. 그런데 이 연습을 하다보니 오히려 내가 편안해진다. 나의 약점을 웃으며 보여줄 수 있고, 실수하고 잘못해도 변명하지 않아도 된다. 그런 나를 인정하고 바로 진심어린 사과를 하면, 실수를 덮고 변명하느라 많은 에너지를 쏟을 때보다 훨씬 마음이 가볍다. 빈틈을 보인다는 건 상대에게도 내 마음을 여는 것이지만, 나 스스로에게도 솔직해진다는 것이다. 빈틈이 보이게 조금 열어두자. 그 작은 틈으로 내 안의 눈부신 빛이 흘러나올 것이다.

대화에서 중요한 것은 얼마나 논리적이냐, 얼마나 잘 표현하느냐가 아니라, '대화를 통해 호감을 느낄 수 있느냐'이다. 호감을 주는 대화를 하기 위해서는 철벽방어 대신, 약간의 빈틈을 보이는 것이 좋다.

• **강약의 조절** : 평소에 야무진 편이라면 가끔은 느슨한 모습을 보여주는 것이다. 약점이나 실수가 드러났을 때 방어하지 말고, 배시시 웃거나 머리를 긁적이며 한 번 넘어가보자.

• **백지의 호기심** : '나는 잘 모른다'라는 생각이 있어야 진심 어린 호기심이 나온다. 다 알고 있는 사람보다 알고 싶어 하는 이에게 사람들은 호감을 느낀다.

• **잘못을 시인** : 실수나 잘못을 두려워하지 말고 나의 진솔함을 보여줄 수 있는 좋은 기회로 삼자. 변명 없이 쿨하게 인정하고 사과하면 상대가 더 관대해지는 경우가 많다.

07

말에도
그라데이션이 있다면

나는 수채화를 좋아한다. 물의 투명한 느낌, 물이 번져 다른 색들이 어우러지는 부드러움, 때로는 강렬한 색채. 이 세 가지가 조화롭게 공존함으로써 그림은 살아 있는 것처럼 생생하다. 과하지 않고 은은하게 자기를 표현하는 수채화가 참 좋다.

물 번짐을 좋아해서 수묵화를 배운 적도 있었다. 수묵화를 그릴 때 붓글씨 쓸 때와 비슷한 긴 붓을 쓴다. 처음 배운 것은 붓에 물감을 묻히는 법이다. 처음에는 붓 전체에 투명한 물을 가득 머금고, 그 다음에는 빨간색을 연하게 섞어서 붓 끝의 3분의 2 정도를 적시고, 그 다음 빨간색을 아주 진하게 3분의 1 정도 묻힌다. 그리고 그 붓을 화선지에 대면 마치 꽃잎처럼 물이 번진다. 꽃의 빨간 중심에서 연한 분홍을 드러내며 하얀 잎까지 퍼지는 듯한 은은한 그라데이션이 그려진다.

나는 그라데이션이 좋다. 그 어느 색 하나 튀지 않고 여러 색이 마치 하나인 듯 어울려 있는 그 모습이 참 은은하다. 해질녘의 하늘에서는 그라데이션의 극치를 본다. 지는 해의 눈부심과 몰려오는 어둠에 층이 없고 찬란한 주황빛과 칠흑 같은 어둠 사이에 나눠진 것이 없다. 그저 물에 물감을 푼 듯 하나의 색깔로 아름다움을 뽐낸다.

조화로운 그라데이션을 보면서, '말에도 그라데이션이 있다면 얼마나 아름다울까' 하고 생각했다. 내가 붓에 투명한 색, 연한 색, 진한 색을 묻혀 그라데이션을 표현했듯이 '말에도 이 세 가지를 적용하면 어떨까' 하는 생각이 들었다. 말에 접목시킨다면 투명한 여백은 침묵, 연한 색은 배려의 말, 진한 색은 자기표현이 아닐까.

채색에서의 투명한 부분은 '침묵'과 닮았다. 꽉 차고 화려한 그림보다 여백이 있는 그림에서 여유가 느껴지는 것처럼 침묵은 여유를 준다. 침묵은 다른 사람과의 커뮤니케이션에서도, 나와의 커뮤니케이션에서도 정말 중요하다. 대화할 때 침묵은 상대를 향해 마음을 여는 것이다. 상대의 말을 듣고, 정적이 흐를 때는 침묵 속에 담긴 감정을 느끼며 이다음 말을 할 때까지 끼어들지 않고 기다려주는 것이다. 내가 침묵하고 들을 때 상대는 편안함 속에서 자신의 이야기를 할 수 있다. 이야기가 끝나고 고요한 정적이 흐를 때에도 너무 급하게 침묵을 깰 필요가 없다. 조금 더 잠잠히 침묵을 받아들이면, 상대는 또 생각이 나서 "아 맞아, 그리고…" 하며 떠오르는 이야기를 천천히 이어갈 수 있다.

나와의 커뮤니케이션에서도 침묵은 중요하다. 말하고, 음악을 듣고, TV를 켜며 늘 소리에 묻혀 지낸다면, 때로는 고요함 속에서 자기를 만나는 시간도 필요하다. 고요한 시간을 가지면 소리와 소음 속에서는 듣지 못했던 내면의 목소리를 듣고 복잡한 생각을 정리할 수 있다. 삶의 우선순위를 정하고, 하고 싶은 일과 하기 싫은 일을 구별하고, 나는 어떻게 사는 게 행복한지 느낄 수 있다. 침묵 속에서 자신과의 커뮤니케이션을 자주 하는 사람은 주변 상황에 흔들리지 않는 견고함을 갖출 수 있다. 침묵이 주는 힘이다.

연한 색은 '배려의 말'과 닮았다. 강렬한 색깔이 서로 자기 색만 뽐낸다면 멋진 그림이 될 수 없을 것이다. 다른 색이 돋보이고 은은하게 섞일 수 있도록 연한 색이 조화를 이루고 있는 것처럼, 다른 사람을 생각하는 말은 참 부드럽다.

부드러운 말은 같은 것을 전하더라도 상대를 더 존중해서 말하는 것이다. "이것 좀 해 와" 대신에 "이것 좀 해줄 수 있을까?"가 더 부드럽고, 상대의 사정을 생각한다면 "바쁜 와중에 미안하지만, 이것 좀 도와줄 수 있을까?"라고 더 존중해서 말할 수 있을 것이다.

"원래 말투가 거친데 어떻게 고쳐요?" 하는 사람들이 있어서 쉽게 적용할 수 있도록 이름을 붙여보았다. 바로 '쿠션 넣기'다. 하고 싶은 말 앞에 '완충 작용'을 하는 쿠션을 넣는 것이다. 그러면 부드럽게 말하기가 좀 더 쉬워진다. 나는 무언가 부탁해야 할 때 이런 말들을 많이 쓴다. 그러면 거의 다 기분 좋게 들어주었다.

"혹시 ○○○가 가능할까요?"

"죄송하지만,"

"바쁘실 텐데 죄송해요. 이것 좀…."

"제가 잘 몰라서 그러는데,"

"실례가 아니라면,"

"혹시 시간이 되시면,"

"여쭤보고 싶은 게 있는데요,"

"물 한 잔 주세요"를 말하고 싶다면 쿠션을 넣어서 "혹시 물 한 잔만 갖다주실 수 있을까요?"라고 하면 한결 부드럽다. "예약 변경해주세요"보다 "죄송하지만 예약 변경 좀 부탁드릴게요"라는 말이 더 듣기 좋다. 아마 들어줄 가능성도 높아질 것이다.

상대의 말이 끝난 후 내 말을 부드럽게 이어가야 할 때는 '인정과 공감'의 쿠션이 필요하다. 상대의 말이 끝나기 무섭게 "오, 나도 그런 일이 있었어!"라며 내 말을 이어가거나 "근데 있잖아" 하면서 주제를 바꾸면 존중받지 못한다는 느낌을 줄 수 있다. "그랬구나. 마음이 많이 아팠겠다. 실은 나도 그런 일이 있었어"라고 충분히 받아준 후에 내 이야기를 이어가는 것이 좋다.

상대가 아이디어를 냈는데 선뜻 동의할 수 없을 때, "그런데 이 방법이 낫겠어" 하는 것보다 "그런 방법이 있구나.

그리고 이런 방법은 또 어떨까?"라고 하면 적을 만들지 않고 대화할 수 있다. 의견을 더할 때는 '그런데'보다 '그리고'를 붙이면 상대의 마음도 나의 말도 부드러워진다.

마지막으로 채색에서 진한 색은 '자기표현'과 닮았다. 강렬함으로 그림의 명료함을 더하는 진한 색깔처럼, 나의 생각, 나의 소신, 내 감정, 내 욕구를 명료하게 표현하는 것이다. 나는 수채화를 그릴 때 진한 색을 과감하게 쓰지 못했다. 그렇게 조심조심 그리고 나면 아주 흐리멍덩한 수채화가 완성된다. 그러면 미술선생님은 짙은 색을 과감하게 넣어 그림을 고쳐주시곤 했다. 그러자 명암이 더해져 훨씬 더 선명하고 입체적인 그림으로 바뀌었다.

말에서도 마찬가지다. 늘 소심하게 눈치 보며 자기표현을 하지 못하면 흐리멍덩한 사람이 된다. 침묵도 배려의 말도 필요하지만, 명료한 자기표현도 꼭 필요하다.

타부서 이동을 제안하는 상사에게 자기 생각을 말하지 못하고 "아, 네. 부장님께서 그렇게 말씀하시면…. 네, 알겠습니다"라고 어정쩡하게 답하고 오래오래 후회하는 것보다, "회사의 입장이 있다면 그 부분도 고려하겠습니다만,

개인적으로는 현재 팀에서 그동안 쌓아온 업무에 대한 성과를 더 내고 싶습니다"라고 명료하게 소통하는 게 서로에게 좋다.

친구들이 나의 콤플렉스로 농담을 한다면, '친한 친구끼리 예민하게 굴면 이상하겠지?'라고 생각하며 속상해하는 것보다 "재미도 좋지만, 그 부분으로 농담은 안 했으면 좋겠다"라고 한 번 따끔하게 이야기할 필요도 있다.

친구를 오랜만에 만나기로 약속했던 때였다. 마음을 나누던 가까운 사이라 모처럼 잡은 약속에 기대가 되었다. 그런데 친구가, "그럼 A도 부를까? 여기 가까운 데 살잖아"라고 말했다. 물론 A도 친한 사이이지만, 그녀가 오면 그녀의 관심사인 부동산이며 자녀교육 얘기로 대화가 흘러갈 것이 뻔했다. 이런저런 수다보다는 이 친구와 속 깊은 이야기를 하는 시간을 갖고 싶었다. 그 전에는 친구 사이에 같이 보기 싫다고 하는 것도 이상해 보일 것 같아서 "어. 그래, 그래도 되지. 너 좋을 대로"라고 얼버무리며 넘어갔는데, 이번에는 머뭇거리지 않고 말했다. "아니, 오랜만인데, 이번엔 둘이 오붓하게 보자" 하며 어물쩍 넘어가지 않고 명쾌하게 이야기한 게 스스로 무척 뿌듯했다.

사람의 시선은 그라데이션에 끌린다고 한다. 나의 말에도 그라데이션을 넣으면 마음을 끌 수 있지 않을까. 투명한 색, 연한 색, 진한 색이 한데 어우러져 조화로운 그라데이션을 나타내듯이, 조용히 침묵할 줄 안다면, 부드럽게 말할 수 있다면, 그러나 나의 소신을 굽히지 않고 말할 수 있다면 참 좋겠다. 이 세 가지가 한데 어우러지면 은은한 수채화처럼, 해질녘의 하늘처럼, 내 안의 여러 색깔이 매력적인 그라데이션으로 나타날 것이다.

=== Detail Tip ===

말에도 그라데이션이 있다고 생각하고 다양한 농도 조절을 해보자. 때로는 침묵으로 여유를 주고, 상대를 배려하는 말로 존중을 표현하고, 때로는 나의 의견을 명료하게 말해보자. 이 모두가 조화를 잘 이루어야 부드러우면서도 당당한 커뮤니케이션을 할 수 있다.

사람들은 말 잘하는 사람보다
호감 가게 말하는 사람에게 끌립니다.

나는 어떻게 말하고 있나요?
자연스럽게,
나답게 말한다는 것은 어떤 것일까요?

언어로 나를 포장하지 않아도 괜찮아요.
때로는 빈틈을 내비치며
나에게도, 상대에게도
자유로워지세요.

• 더 이상 눈치 보지 않고 부드럽고 명료하게 표현하고 싶다면,
272페이지 '상황별 자기표현'을 살펴보고 내 상황에 적용해보자.

BONUS PART.

대화가
쉬워지는

셀프코칭
노트

01

나에게 필요한 Q&A :
진짜 나를 파악하기

나답게 표현하는 대화법을 익히기 위해서는 우선 진짜 나를 잘 알아야 한다. 그리고 내가 어떤 삶을 살고 싶은지 내면의 목소리를 들어야 한다. 그동안 학교나 직장 혹은 무슨 일을 하는 사람 등 나의 소속과 역할로 나를 정의해왔다면, 그 모든 것들을 내려놓고 있는 그대로의 내 모습을 바라보자. 다음 질문들에 천천히 시간을 들여 생각해보고 하나씩 적어보자. 조금 귀찮아도 글로 적다 보면 새로운 생각들이 떠오를 것이다. 공간이 부족하면 다른 노트에 적어도 좋다.

현재의 나 : 나는 어떤 사람인가?

나는 언제 행복을 느끼는가?

나에게 중요한 가치관은 무엇인가?

나의 강점은 무엇인가?

나의 대인관계 용량은 몇 cc일까?

나의 일에 대한 자신감은 몇 점일까?

나에 대한 자존감은 몇 점일까?

그렇게 평가한 이유는?

나에게 어느 정도 솔직한가?

타인의 시선보다 나를 먼저 생각하는가?

다음의 가치 단어를 보고 내 마음에 와 닿는 단어에는 동그라미, 불편한 것에는 가위표를 해보자.

변화	지혜	신뢰	성공	사랑	긍정
도전	자유	정직	인내	평화	성실
다양	열정	완벽	인정	건강	창조
봉사	유머	가족	단순	예술	균형
부유	권위	자존	헌신	종교	성장

앞의 동그라미 한 것 중에 나를 잘 표현하는 단어 3개를 골라 보자. 그 단어를 고른 이유를 생각하며 다음 문장을 완성해보 자. 나는 어떤 사람인가.

"나는 ＿＿＿＿＿＿＿＿＿＿＿＿＿＿＿ 사람이다."

과거의 나 : 나는 어떤 길을 걸어왔나?

나의 가족, 멘토, 영향을 준 사람들

＿＿＿＿＿＿＿＿＿＿＿＿＿＿＿＿＿＿＿＿＿＿＿＿＿＿

내가 한 공부, 나를 변화시킨 책

＿＿＿＿＿＿＿＿＿＿＿＿＿＿＿＿＿＿＿＿＿＿＿＿＿＿

나만의 경험, 관심사, 재능

＿＿＿＿＿＿＿＿＿＿＿＿＿＿＿＿＿＿＿＿＿＿＿＿＿＿

내가 들었던 인상 깊은 말

＿＿＿＿＿＿＿＿＿＿＿＿＿＿＿＿＿＿＿＿＿＿＿＿＿＿

내 방, 서랍, 가방 속의 물건들

＿＿＿＿＿＿＿＿＿＿＿＿＿＿＿＿＿＿＿＿＿＿＿＿＿＿

기억에 남는 추억 속의 한 장면

＿＿＿＿＿＿＿＿＿＿＿＿＿＿＿＿＿＿＿＿＿＿＿＿＿＿

나의 과거에 이름을 지어보자.

＿＿＿＿＿＿＿＿＿＿＿＿＿＿＿＿＿＿＿＿＿＿＿＿＿＿

(예. 진흙 속에 피어나는 연꽃, 나비로 승화하기 위해 고치를 트는 시간 등)

내가 중요하다고 생각하는 단어를 3개 골라보자.
(앞의 가치 단어 목록에서 골라도 좋고 스스로 골라도 좋다.)

———————————————————————————————

단어를 고른 이유를 생각하며 내가 살고 싶은 삶을 한 문장으
로 표현해보자. (잘 떠오르지 않는다면, 내 삶을 마감할 때 어떤 삶
을 살았다고 이야기하고 싶은지 생각해보자.)

"나는 ———————————————— 삶을 살고 싶다."

그러한 삶을 이루어갈 수 있도록 첫 번째 장에서 소개한 '나를
바꾸는 방법, 세 가지 질문이면 충분하다'의 '열린 질문, 확장
질문, 관점 전환 질문'을 활용해 답을 찾아보자.

내가 진짜 원하는 것은 무엇일까?

———————————————————————————————

만약 아무런 제약이 없다면 어떻게 살고 싶은가?

———————————————————————————————

어떻게 하면 그 삶을 살 수 있을까?

———————————————————————————————

그 외에 또 방법이 있을까?

———————————————————————————————

내 인생에서 가장 빛나는 시기는 언제일까?

―――――――――――――――――――――――――――――――――――――

그때의 내가 지금의 나에게 해주고 싶은 말은?

―――――――――――――――――――――――――――――――――――――

내면의 목소리를 듣는 여행

내 마음이 이야기하는 것을 귀 기울여 듣는 것은, 나답게 살고 나답게 표현하기 위해 꼭 필요하다. 내면의 목소리를 듣는 시간을 구체적으로 계획해보자. 거창한 여행이 아니라 나를 위해 시간을 따로 떼어 조용히 집중하는 것만으로도 충분하다.

지금 나의 삶에서 내면의 목소리를 듣는 시간을 갖고 있는가? 언제, 어떻게 내면의 목소리를 듣고 있는가?

내면의 목소리를 듣는 여행 계획을 세워보자.

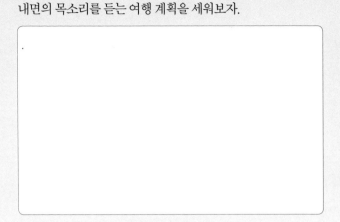

(예. 주말 오전 2시간은 조용한 카페에서 한 주를 돌아보며 떠오르는 생각을 글로 적어

보겠다.)

여행에서 무엇을 느꼈는지 글로 남겨보자. 나를 찾아가는 여
정을 돌아볼 수 있다면 더욱 좋다. 내면의 목소리를 듣는 시간
이 조금 막연하다면, 앞에 나온 질문들을 천천히 생각해보며
자신에게 하나씩 답해보는 것도 좋은 방법이다.

'진짜 나', '나다운 것'이 궁금하다면 끊임없이 관심을 갖고 내
마음을 살펴야 한다. 객관적으로 자신을 바라보고 싶다면 에
니어그램, MBTI 등의 성격유형 검사를 받는 것도 도움이 된
다. 자신의 타고난 원형을 알고 싶다면 캐롤라인 미스의 『영혼
의 지문』, 제임스 힐먼의 『나는 무엇을 원하는가』를 읽어보면
도움이 될 것이다.

02

C-GROW 셀프코칭 :
불편한 관계, 잘못된 소통을 개선하기

불편한 관계, 기분 나쁜 말에도 적극적인 대응이 필요하다. "부장님이랑 말도 섞기 싫어" "엄마 잔소리 때문에 미치겠어" 하며 스트레스만 받을 것이 아니라 그 문제를 들여다보고 해결책을 세워야 한다. 흔히 "그 사람은 안 돼" "어휴 내가 참고 말지"라며 포기하고 넘어가지만 그러면 나만 계속 힘들어진다. 분노와 스트레스를 억누르며 참기만 하는 것은 건강한 커뮤니케이션이 아니다. 또 앞으로 새로운 관계에서도 같은 문제가 반복될 수 있기 때문에 반드시 살펴보고 넘어가야 한다.

코칭에서 문제 해결을 위해 GROW 모델을 많이 사용한다. 이 모델을 커뮤니케이션에 접목시켜 〈C(Communication)-GROW〉 모델을 만들어보았다. C-GROW 커뮤니케이션 셀프코칭을 단계별로 정리하고 실행하면 문제를 하나씩 해결해갈 수 있다. 또한 이름 그대로 나의 커뮤니케이션 능력이 성장하는 것을 경험할 수 있을 것이다.

• Communication : 핵심 커뮤니케이션. 자주 반복되는 대화, 최근의 의사소통 등 내가 문제라고 생각하는 커뮤니케이션을

있는 그대로 적어본다. '늘 나를 무시하고 지적질한다'라는 식의 내 판단이 들어간 단어로 추상적으로 적으면 이 문제의 상황을 객관적으로 보기가 어렵다. 대신 실제로 주고받은, 문제의 핵심이 되는 대화를 있는 그대로 적는다. 예를 들면 다음과 같다.

"이 대리, 커피 좀 사와."

"아, 네."

"이 대리, 이거 오늘까지 끝내 놔."

"아, 네."

• Goal : 목표 설정. 내가 원하는 관계 및 의사소통을 정한다. 예를 들어 '적당히 선을 유지하며 서로 존중하는 동료 사이였으면 좋겠다' '나에게 무리한 요구를 하지 않도록 부드럽게 거절하고 싶다'와 같이 내가 이상적으로 그리는 목표관계를 설정하고, 원하는 소통 형식이 어떤 것인지도 구체적으로 적어본다.

• Reality : 현실 파악. 지금의 관계가 어떠한가? 현재 의사소통의 문제는 무엇인가? 내 목표로 가기 위해 가로막고 있는 장애물 등을 살펴본다. '내 의사를 묻지 않고 늘 일방적으로 명령한다. 그러다 보니 사적인 일까지 쉽게 요구하고 어느새 비서처럼 나를 이용하는 것 같다. 화가 나는데도 소심한 성격 탓에 거절을 못해 스트레스가 쌓인다' 등 현실의 어려움을 적는다.

• Option : 세부 선택사항. 현실의 문제를 극복하고 목표하는

의사소통을 하기 위해 어떤 구체적인 노력들을 할 수 있을지 적어본다. '공식적으로 내 업무인 것만 수락하기' '내 일이 아닌 것은, 이번이 마지막이라고 이야기하고 정중히 거절하기' '사적인 대화에는 무관심하게 대응하기' 등 해결방법의 목록을 최대한 많이 만드는 것이 좋다. 이 단계에서 깊이 고민하며 실행할 수 있는 옵션을 많이 만들어두면 목표 실현 가능성이 높아진다.

• Will : 의지와 실행. 오늘 당장 실천할 수 있는 것은 무엇인지, 무엇을 어떻게 실행할 것인지 구체적으로 몇 개를 정하고 실행에 옮기는 단계다. 해결방법을 많이 생각해두어도 '언젠가 해야지'라고 생각하면 실행 가능성이 떨어진다. '오늘 점심시간에는 끌려가지 않고 나만의 시간 갖기' '이번 주는 개인적인 부탁은 정중히 거절하기' 등 구체적인 행동을 정하고 실행한다. 이 단계가 가장 중요하다. 실행이 없으면 내가 목표한 커뮤니케이션에 달할 수 없다.

다음의 워크시트 예시를 참고해서 나만의 셀프코칭 워크시트를 만들어보자.

커뮤니케이션 셀프코칭의 예

날짜 8. 24.

대상: 김인후	관계: 회사 선배
	사적인 교감은 없는 건조한 관계
	지시하고 지시받는 갑을 관계

C-GROW

C (Communication) : 핵심 의사소통	반복되는 대화는 무엇인가? "이 대리, 커피 좀 사와." "이 대리, 이거 예약 좀 해." "오늘까지 이거 끝내."/"아, 네."
G (Goal) : 목표 설정	내가 원하는 관계 및 의사소통 선을 유지하며 서로 존중하는 선후배 사이였으면 좋겠다. 일을 맡길 때 일방적인 지시가 아니라 의사를 묻고 요청해 주길 원한다. 업무 외에 사적인 일은 시키지 않았으면 좋겠다. 나도 억지로 일을 떠맡지 말고 부드럽게 거절하고 싶다.
R (Reality) : 현실의 문제 파악	관계와 의사소통의 장애물은 무엇인가? 무리한 요구도 계속 들어주니 나를 만만하게 보는 것 같 다. 거절하는 다른 동료들에게는 시키지 않고 이제 나에게 만 일을 시킨다. 그것도 업무와 상관없는 간식 사기 등을 비롯해 영화예매 같은 사적인 일도 시킨다. 어느새 비서처 럼 일을 시키는 게 당연한 것처럼 되어버렸다. 나의 소심한 태도도 문제다. 아직 한 번도 싫다고 표현한 적이 없어서 갑자기 내 목소리를 내기가 너무 어렵다. 스 트레스만 쌓여간다.
O (Option) : 선택/방법 목록	해결하기 위한 구체적인 방법들 ∨ 공식적으로 내 업무인 것만 수락하기 ∨ 사적인 일을 요청할 때는 업무가 바빠 어렵다고 말하기 ∨ 계속 요구할 때에는 이번이 마지막이라고 선 긋기 • 소심한 성격을 고치기 위해 ∨ 친한 친구나 가족에게 하루 한 번 내 의사표현 꼭 하기 ∨ 자존감 관련 자기계발서 읽기
W (Will) : 의지와 실행	오늘, 어떤 것부터 실행할 것인가? ∨ 오늘도 무리한 부탁을 하면 업무 먼저 처리해야 한다고 말하기 ∨ 친구에게 양해 구하고 솔직한 자기표현 연습하기

목표 기한: 9. 30.

C-Score: 현재 나의 점수 3 /10   목표 점수: 9/10

① 먼저 대상을 정한다

관계와 소통 방법은 상대에 따라 모두 다르기 때문에 개별적으로 접근해야 한다. 예를 들어 직장상사와 겪는 스트레스와 엄마와의 대화에서 겪는 스트레스는 관계도 해결책도 완전히 다르기 때문에, 상대가 여럿이라면 워크시트를 각각 따로 작성한다.

② 어떤 관계인지 적는다

'상사', '동료'와 같이 사실적인 것뿐만 아니라, 자신이 느끼는 '지시하고 지시받는 관계' '속 이야기를 터놓을 수 있는 가장 가까운 친구' 등 더욱 자세하게 적으면 좋다.

③ 시작 날짜를 적고. 목표 기한을 정한다

목표 기한이 있어야 실행이 빠르다. 한 주에 한 번씩 실행에 대해 평가하고 새로운 실행목록을 다시 정해보길 권한다.

④ C-GROW 항목에 최대한 구체적으로 적어본다

문제를 살펴보는 과정에서 객관적으로 볼 수 있고 해결의 실마리를 찾는 경우가 많으므로 시간을 들여 차분히 적어본다.

⑤ 지금 나의 커뮤니케이션 점수와 목표 점수를 적어본다

구체적인 수치로 나타내면 실행력을 높이는 데 도움이 된다.

앞의 예시를 참고해서 나의 커뮤니케이션 셀프코칭을 해보자.

커뮤니케이션 셀프코칭

날짜 ．　．　．

대상 _____ 　　관계 _____
　　　　　　　　　　　　　　　　_____
　　　　　　　　　　　　　　　　_____

C-GROW

C (Communication) : 핵심 의사소통	반복되는 대화는 무엇인가?
G (Goal) : 목표 설정	내가 원하는 관계 및 의사소통
R (Reality) : 현실의 문제 파악	관계와 의사소통의 장애물은 무엇인가?
O (Option) : 선택/방법 목록	해결하기 위한 구체적인 방법들
W (Will) : 의지와 실행	오늘, 어떤 것부터 실행할 것인가?

목표 기한: ．　．　．

C-Score: 현재 나의 점수: _____ /10 　　　　목표 점수: _____ /10

03

나의 대화유형 TEST :
대화방식의 장단점을 파악하기

나의 대화 유형은 무엇이며, 내 대화방식의 장단점과 개발해
야 하는 포인트는 무엇일까. 다음 A, B, C, D의 64개 단어 중
자신에게 해당되는 모든 단어에 표시해보자. 대화유형에 좋
고 나쁨은 없으니 최대한 솔직하게 체크해보자.

A

장점	단점
( ) 당당한	( ) 판단적
( ) 솔직한	( ) 지시적
( ) 사교적	( ) 참을성 없는
( ) 정의로운	( ) 공격적
( ) 용감한	( ) 대립적
( ) 즐거운	( ) 말이 많은
( ) 직설적	( ) 자기애
( ) 활동적	( ) 거만한

B

장점	단점
(　) 공감능력	(　) 우유부단
(　) 관대한	(　) 피상적
(　) 지지적인	(　) 소심한
(　) 이해하는	(　) 방어적
(　) 배려하는	(　) 거절 못하는
(　) 평화로운	(　) 비주장적
(　) 수용적	(　) 의존적
(　) 겸손한	(　) 아첨하는

C

장점	단점
(　) 조용한	(　) 소극적인
(　) 인내심	(　) 갈등회피
(　) 온화한	(　) 두려움
(　) 희생적	(　) 불안
(　) 믿음직한	(　) 피해의식
(　) 착한	(　) 눈치 보는
(　) 낙관적	(　) 방어적 침묵
(　) 신중한	(　) 히스테리

장점	단점
( ) 원칙적	( ) 비판적
( ) 공정한	( ) 냉정한
( ) 현명한	( ) 인색한
( ) 분석적	( ) 따지는
( ) 독립적	( ) 완벽주의
( ) 근면	( ) 권위적
( ) 목표지향	( ) 의심
( ) 효율적	( ) 격리된

A	B	C	D

A, B, C, D에 체크한 각 합계를 위 칸에 적어본다. 가장 높은 점수가 나의 대화유형일 가능성이 높다. A는 주장형, B는 동조형, C는 회피형, D는 이성형이다. 두 개 이상이 비슷하게 높다면 여러 개의 성향을 같이 가진 것이다. 다음 유형별 설명을 참고하여 장점은 살리고, 단점은 개발 포인트를 연습하며 보완해보자.

A. 주장형 "이렇게 하는 게 좋겠어!"	장점 : 당당하게 자기표현을 잘한다. 자기노출을 잘하기에 사람들과 거리를 쉽게 좁히는 편이다. 단점 : 눈치 없이 혼자서 말을 많이 한다. 다른 사람을 쉽게 판단하고 자신의 생각이 정답인 듯 말한다. 조언이나 충고도 서슴지 않는다. 개발 포인트 : 자신의 평가와 관찰을 섞어버려 상대방을 함부로 판단하지 않도록 한다. 상대의 이야기를 처음 듣는 것처럼 흥미롭게 들으며 대화를 하고, 상대의 말을 끊지 않고 끝까지 듣는 훈련을 한다.
B. 동조형 "맞아, 맞아!"	장점 : 공감을 잘해주고 상대의 욕구를 잘 맞춰주어서 대인관계가 좋다. 사람들이 대화 상대로 많이 찾는다. 단점 : 늘 맞춰주는 데 익숙해져서 자신이 진짜 원하는 것을 모른다. 자기감정이나 생각을 잘 표현하지 못한다. 개발 포인트 : 상대 이야기에 자신의 생각을 갖고 듣는다. 늘 동조하며 맞장구쳐주기보다 자기 생각과 다르거나 궁금한 것은 질문을 통해서 더 깊이 알아간다. 그에 대한 자신의 생각을 이야기하는 훈련도 해본다.
C. 회피형 '내가 참고 말지.'	장점 : 말이 많지 않아 묵직한 신뢰감을 준다. 주변 사람들과 갈등이 없어 '착한 사람'이라는 이미지를 주고 대인관계가 원만한 편이다. 단점 : 갈등상황을 회피하고 참다 보니 스트레스가 쌓이고 혼자 속앓이를 하는 경우가 많다. 자기표현을 하지 않고 눈치를 많이 본다. 개발 포인트 : 무조건 참는 것은 소통의 단절이라는 사실을 기억한다. 앞서 소개한 로젠버그의 '비폭력대화'를 적용하면 도움이 된다. 〈관찰 – 느낌 – 욕구 – 부탁〉으로 분리해 말하는 연습을 한다. 하루에 하나씩 표현하는 연습을 통해 자기표현을 늘려간다.
D. 이성형 "그건 논리적으로 맞지 않는데."	장점 : 감정에 치우치지 않고 객관적인 생각으로 대화한다. 일관성이 있고 상황을 파악하는 능력이 있어 신뢰감을 준다. 단점 : 상대 말을 논리적으로 분석하려 한다. 공감능력이 떨어져 사람들과 친밀해지기 어렵다. 개발 포인트 : 상대 말의 논리성보다 '감정'과 '욕구'를 파악하기 위해 노력해본다. 또한 자신의 '생각'보다 '느낌'을 이야기하는 훈련을 한다. 좀 더 깊이 있는 주제로 자기노출을 하는 것도 도움이 된다.

04

상황별 자기표현 :
부드럽고 명료하게 말하기

하고 싶은 말이 있어도 '분위기가 어색해질까 봐, 관계가 불편해질까 봐' 참는 경우가 많다. 어색하지 않게, 관계를 깨지 않는 부드럽고 명료한 자기표현이라면 어떨까. 지금까지 다루었던 대화법을 적용해 다양한 상황에서 내 생각을 센스 있게 표현해보자.

누군가 내 앞에서 슬며시 새치기했을 때

(245페이지 '말에도 그라데이션이 있다면' 참고)

속이 부글부글 끓어도 말 못하고 노려보기만 하거나 "저기요. 여기 줄 서 있는 거 안 보이세요?"라고 톡 쏘아붙이기 마련. 참지도 말고 쏘아붙이지도 말고 부드럽게 쿠션을 넣어 말해보자.
"저기, 죄송한데. 이쪽이 줄이거든요. 혹시 못 보신 것 같아서요."

내 콤플렉스로 농담을 할 때

"요즘 취업도 예뻐야 잘 된대. 살부터 좀 빼야지!"
"다이어트 좀 해야 결혼할 수 있지 않을까? 하하."
오랜만에 모인 친척 모임이나 친한 친구들 모임에서 내 외모로 농담을 한다면 썩은 미소를 지으며 어설프게 넘어가지 말자. 어떻게 대응할지 상황에 따라 결정해야 한다. 자꾸 반복되며 내가 스트레스를 받는 상황이라면 경고 메시지를 한 번 주는 것이 좋고, 별로 신경 쓰이지 않는다면 인간미를 보이며 넉살 좋게 넘기는 것이 좋다.

• 가볍게 경고하기
(102페이지 '나 쉬운 사람 아니에요' 참고)
"요즘 그런 농담 밖에서 하시면 큰일 나는 거 아시죠."
"아무리 친한 친구여도, 그 말은 좀 그렇다."

• 넉살 좋게 넘어가기
(238페이지 '철벽방어 대신 약간의 빈틈을 허용할 것' 참고)
"(배시시 웃으며) 왜요~ 푸근해서 좋다는 사람도 많아요."
"어쩐지, 요즘 소개팅도 잘 안 되더라."

(134페이지 '갈등이 싫어서 하고 싶은 말을 참고 있다면' 참고)

친구여서 그러려니 하고 늘 참았는데, 이제 습관이 되어 미안해하지도 않는 것 같다. 속으로 꿍하며 친구와 거리를 두지 말고 솔직하고 부드럽게 이야기해보자.

"넌 어떻게 항상 늦어? 기다리는 사람은 생각 안 해?"라고 말하고 싶지만 참고, 앞에서 다룬 대로 '관찰 → 느낌 → 욕구 → 부탁'으로 나눠 이야기한다.

"우리 만날 때, 네가 약속시간을 한 번도 못 지켰잖아.(관찰) 처음엔 바빠서 그러려니 했는데, 여러 번 반복되니까 나랑 한 약속을 소홀히 한다는 느낌이 들어서 서운했어.(느낌) 아무리 친한 친구여도 만나기로 한 시간을 잘 지켜줬으면 좋겠어.(욕구) 늦는다고 연락을 해주든가, 아니면 약속시간을 좀 여유 있게 잡으면 어때?(부탁)"

친구가 고민을 털어놓을 때

(153페이지 '영혼 없는 공감 말고 질문을 해볼 것' 참고)

"회사 다니기 싫어"라고 하소연하는 친구. 그럴 때 "맞아 맞아, 나도 그래!"라고 무조건 맞장구치거나 "회사 다니는 게 다 그렇지 뭐"라고 일반화시키지 않도록 한다. 호기심을 갖고 질문하고 귀 기울여주는 것이 좋다. 그러면 상대는 말하면서 답답한 마음이 풀어지고, 스스로 정리하며 답을 찾기도 한다.

"어 정말? 혹시 무슨 일 있었어?"

"스트레스 많이 받았나 보다. 요즘에 어떤 업무를 하는데?"

"그동안 잘 참아왔네. 혹시 부서를 바꿀 기회는 없어?"

"그만두는 것보다, 한번 용기 내서 이야기해보면 어때?"

동료의 요구를 거절하고 싶을 때

(93페이지 '자연스럽게, 밉지 않게 거절하는 세 가지 방법' 참고)

퇴근 후에 자꾸 술 한 잔 하자는 동료. 술 안 먹는다고 하면 밥이라도 먹고 가라며 끈질기게 붙잡는 동료가 있다. 거절하지 못해 응하다 보니 항상 귀가가 늦고 피곤하다. 더 이상은 끌려가지 말고 기분 나쁘지 않게 거절해보자.

"오늘은 감기 기운이 있어서 안 되겠어. 너도 감기 옮으면 안 좋고."

"미안한데 오늘은 프로젝트 마무리하느라 너무 지쳤어. 얼른 가서 쉬고 싶은데, 오늘 말고 금요일에 편하게 놀면 어때?"

"오늘은 간단하게 저녁만 먹고 가자. 운동하러 8시까지는 가야 하거든."

모임에서 한 친구가 말을 너무 많이 할 때

(232페이지 '눈치를 활용하면 대화를 리드할 수 있다' 참고)

눈치 없이 자기 이야기만 늘어놓고 있는 친구. 소심한 다른 친구들은 조용히 들어주기만 하고 있다. 말이 끝나기만을 기다리지 말고, 맞장구치고 들어가면서 다른 친구에게 슬쩍 질문을 던져 대화를 분배해보자.

"우와, 정말? 진짜 황당했겠다! ○○야, 너도 그런 적 있지 않았어?"

"안 본 사이에 남자친구랑 많은 일이 있었구나! ○○는? 저번에 했던 소개팅은 어떻게 됐어?"

"여행 진짜 재미있었겠다. 부러워. 난 요즘 맨날 야근인데. ○○는 요즘 뭐하고 지내?"

어떤 상황이든 대화에 끌려가지 말고 나만의 커뮤니케이션 전략을 가지면 좋다. '이 상황에서는 내가 단호하게 거절해야지' '위트를 보이며 유연하게 넘어가야지' '소심한 사람을 좀 배려해야지' '하고 싶었던 말을 꼭 하고 가야지' 등, 자신의 생각과 방향을 가지고 대화에 임하면 좀 더 지혜롭게, 소신껏 자기표현을 할 수 있다.

| 참고문헌 |

파커 J. 파머, 『삶이 내게 말을 걸어올 때』, 한문화, 2017

가타다 다마미, 『나쁜 상사 처방전』, 눌와, 2016

마셜 B. 로젠버그, 『비폭력대화』, 한국NVC센터, 2013

최병락, 『부족함』, 두란노, 2015

정철, 『카피책』, 허밍버드, 2016

말하기의 디테일

초판 1쇄 발행 2019년 7월 1일 **초판 6쇄 발행** 2022년 11월 10일

지은이 강미정
펴낸이 이승현

출판1 본부장 한수미
라이프 팀장 최유연
책임편집 김소현

펴낸곳 ㈜위즈덤하우스 **출판등록** 2000년 5월 23일 제13-1071호
주소 서울특별시 마포구 양화로 19 합정오피스빌딩 17층
전화 02) 2179-5600 **홈페이지** www.wisdomhouse.co.kr

ⓒ 강미정, 2019

ISBN 979-11-90182-35-5 03320